Adelbert Baudissin

**Erzählungen und Skizzen**

Adelbert Baudissin

**Erzählungen und Skizzen**

ISBN/EAN: 9783743639263

Hergestellt in Europa, USA, Kanada, Australien, Japan

Cover: Foto ©ninafisch / pixelio.de

Weitere Bücher finden Sie auf **www.hansebooks.com**

# Erzählungen und Skizzen

von

## Adelbert Graf Baudissin.

Erster Theil.

Hannover.

Carl Rümpler.

1863.

Druck von August Grimpe in Hannover.

# Inhalt.

# Die Wahrsagerin.

# I.

In der siebenten Straße von Saint Louis, in der Nähe der Pacific-Eisenbahn, steht ein kleines zweistöckiges Häuschen, das sich durch seine hübsche Bauart, seine rein geputzten Fenster und den kleinen Garten vor der Eingangsthür vortheilhaft auszeichnet vor seinen Nach= barn. Ein zierliches, mit Schlingpflanzen durchzogenes Eisengitter schließt das sauber gehaltene Gärtchen von dem Straßentrottoir ab, und der Vorübergehende geräth oft in Versuchung, das zierliche Gitter zu verwünschen, weil es ihn verhindert, eine saftige Moosrose zu brechen, die aus dem kurzgehaltenen „Bluegras" das Köpfchen erhebt, um mit einem Kolibri zu tändeln, der pfeilschnell von einer Schönen zur andern schwirrt.

In der offen stehenden Thür lehnt eine Quadrone. Sie ist abyssinischen Stammes — dafür spricht der edle Schnitt ihres Gesichtes, die hohe schlanke Gestalt, das reizende Ebenmaß ihrer Formen. Der dunkle

Teint, der wie ein Trauerflor über die weiche Sammet=
haut gehaucht ist, läßt das Roth der Wangen durch=
schimmern. Das feuerglühende Auge blickt verschämt
zur Erde, die seidenen Wimpern senken sich auf die
Wangen hinab. Plötzlich tritt das Mädchen erbleichend
zurück — ein Trupp ihrer Unglücksgefährten wird vom
Sklavenhändler durch die Straße getrieben. —

Wir bitten den Leser, mit uns in das Haus zu
treten, um das zitternde Mädchen durch ein freundliches
Wort zu beruhigen und unsern Freund Maxdorf kennen
zu lernen, der jenen hübschen, mit Epheu und Geisblatt
bewachsenen Erker bewohnt.

Herr Maxdorf ist nicht allein auf seinem Zimmer.
Eine Dame ist bei ihm, die ihn mit Vorwürfen über=
häuft. Es ist Niemand anders als Madame Monroe,
die gepriesene Wahrsagerin von Saint Louis, die nicht
wie so viele andere ihrer „Kunst" ihre Dienste durch
Zeitungsannoncen und Maueranschläge anbietet, sondern
sorgfältig allen „Humbug" vermeidet.

„Es ist eine Schande," ruft Madame Monroe aus,
„daß ein Mann von Ihren Talenten und Kenntnissen
Monate lang umhertreibt, ohne etwas zu verdienen.
Schon zwei volle Monate warte ich vergebens auf Zah=
lung für Kost und Logis."

„Wahr, leider nur zu wahr," entgegnete Maxdorf,

„aber wo finde ich eine Beschäftigung? Ich bin Doctor der Philosophie, spiele leidlich Fortepiano, spreche mehre Sprachen, — sollte daher wohl glauben, daß es mir gelingen würde, als Lehrer so viel zu verdienen, wie zu einem einfachen Lebensunterhalt nothwendig ist — und bis alle Aussichten verschwunden sind, möchte ich nicht als Heizer auf einem Dampfschiffe oder Kanal= arbeiter dienen; auch fehlt es mir hierzu an den erfor= derlichen Kräften."

„Das mag Alles schön und gut sein," erwiederte die Dame, „bis wann denken Sie Ihre Rechnung zu berichtigen?"

„Sie werden interessant, Madame! Sie, welcher Gegenwart und Zukunft so klar sind, wie unser einem das Sonnenlicht, Sie sollten doch wissen, daß meine Scheidemünze aus einem alten Hosenknopf und einem Griffel besteht, mit denen ich in der Tasche klingle, damit die Leute mich nicht für ganz abgebrannt halten; Sie müssen doch am besten wissen, ob es mir bald ge= lingen wird, etwas zu verdienen; es ist daher Unrecht von Ihnen, daß Sie mich über meine Zukunft im Un= klaren lassen."

„Und wenn ich Ihre Zukunft wüßte, Herr Maxdorf, und wenn ich wüßte, daß Ihnen ein großes seltenes Glück bevorsteht, daß es Sie aber große Anstrengungen

1 *

kosten wird, das Ziel zu erreichen — muß es mich
dann nicht doppelt verdrießen, Sie hier in gänzlicher
Unthätigkeit zu sehen?"

„Mir steht ein großes, seltenes Glück bevor? Ma=
dame, Sie söhnen mich mit meinem Jahrhunderte aus.
Also ich soll keine Salzsäcke schleppen, nicht mit Maul=
eseln durch die Straßen treiben? Sagen Sie nein!
und ich verschreibe Ihnen Leib und Seele. Vor nichts
bebe ich zurück; wenn ich aber einen Lastträger einen
Salzsack schleppen, oder einen Treiber einen Maulesel
bändigen sehe, dann fühle ich, daß es Augenblicke im
menschlichen Leben giebt, in denen die Philosophie nicht
ausreicht. Sie sagen, ich soll etwas verdienen, soll
thätig sein — wohlan, ich bin bereit, irgend eine Be=
schäftigung zu ergreifen; nennen Sie mir nur die Mittel
und Wege."

Madame ging unruhig im Zimmer auf und ab.
Sie blickte Maxdorf mit ihrem schwarzen Auge forschend
an, und schien mit sich selbst im Zweifel zu sein, indem
sie unverständliche Worte murmelte. Plötzlich blieb sie
vor Maxdorf stehen, legte ihre Hand auf seine Schulter
und sagte: „Ja, wenn Sie wollten, Herr Maxdorf,
wenn Sie einer Wittwe beistehen wollten, bei dem
Astrologischen Gott, welche Geschäfte könnten wir
machen!"

„Wir Geschäfte machen? Ich mit Ihnen, Sie mit mir? Wollen wir die Firma „Madame Monroe" in die Firma „Madame Monroe und Compagnie" um= ändern? Soll ich Karten schlagen und aus dem Himmelreich wahrsagen? Famose Idee; Amerika, du bist groß — ich will Wahrsager werden."

„Scherzen Sie nicht so leichtsinnig, Herr Mar= dorf, Sie thun unrecht, wenn Sie meine gute Absicht so ganz und gar verkennen. Ich treibe ein Geschäft, das eben so ehrlich ist, wie das vieler großer angesehener Häuser. Oder stände etwa ein Landspeculant oder ein Fabrikant von Patent=Medicinen höher als eine Stern= deuterin? Ich gebe den Leuten, was sie haben wollen — ein Blendwerk; und doch ist nicht alles Täuschung, was ich gebe: durch meine langjährige Erfahrung habe ich eine große Fertigkeit erworben, das Gemüth und den Charakter der Menschen gleich beim ersten Blick zu ergründen; dann habe ich auch noch anderweitige Quellen, die mir zu Gebote stehen —"

„Zum Beispiel Spione?" fiel Mardorf ein; aber Madame ließ sich durch diesen Einwand nicht irre machen, sondern fuhr fort zu sprechen, — „zu Gebote stehen, und es trifft sich wohl öfter, als Sie glauben mögen, daß ich meinen Kunden Aufschlüsse gebe, durch welche sie in das höchste Erstaunen versetzt werden. Ich ernähre

mich auf diese Weise redlich, kann für meine alten
Tage einen Sparpfennig zurücklegen, und bin in der
Lage, einen Gehülfen annehmen zu können, der mir bei
gewissen Experimenten behülflich ist. Sie wären ganz
der Mann dazu, Herr Maxdorf, und ich wollte gern
die alte Rechnung streichen, und in Zukunft mit Ihnen
den Profit theilen, wenn Sie einschlagen und mein
Compagnon werden wollten."

„Jedenfalls ist die Idee originell," erwiederte Maxdorf. „Ich, ein Doctor der Philosophie, ein vernünftiges,
zweibeiniges Wesen, das in Heidelberg studirt und das
Präsidium im Seniorenconvent geführt hat, ich soll hier
in dem Lande der Freiheit und Aufklärung" — hier
stockte er, indem er dem Auge der Dame begegnete.

Sie starrte ihn an mit einem Gemisch von Zorn
und Mitleid und sagte: „Hier in dem Lande der Freiheit sollen Sie Ihr Brod verdienen, und da Sie es
auf keine andere Weise können, sollen Sie das Anerbieten einer Frau annehmen, die es gut mit Ihnen
meint, und die auch bessere Tage gesehen hat."

„Madame," rief Maxdorf, „Sie sind unwiderstehlich.
Sie besitzen eine Ueberredungsgabe, die wirklich großartig ist. Aus dem traurigen Dasein eines Menschen,
der seit Monaten keine andere Scheidemünze gekannt
hat, als einen kleinen Knopf und einen alten Griffel,

reißen Sie mich in die Feenwelt eines Compagnons mit vollen Taschen. Da widerstehe, wer da mag und kann! Ich habe gegen die Versuchung angekämpft, das müssen Sie mir bezeugen — Sie haben mich bezaubert — nun geben Sie mir, damit ich ganz aus dem bleich=süchtigen Zustande meiner Finanzen gerissen werde, eine kleine Anweisung auf Ihren Banquier oder eine hübsche Zehndollars=Note. Ich werde mich damit reicher fühlen, als Salomo, und mit Energie in die Mysterien Ihrer Kunst eindringen."

„Nicht so rasch, junger Herr," entgegnete Madame. „Mein Geschäft, so lächerlich dies auch klingen mag, be=darf fleißiger Studien. Sie müssen sich daran gewöh=nen, verschwiegen zu sein wie das Grab, und gegen Men=schen fremd zu thun, die Sie bei mir täglich ein= und aus=gehen sehen. Wo Sie über eine Familie, eine reiche Erbin, einen bedeutenden Kaufmann sprechen hören, da horchen Sie genau zu, lassen sich kein Wort entgehen, und rapportiren mir Alles und Jedes, was Sie erfahren. Sie sollen nicht spioniren — sondern beobachten, rappor=tiren und schweigen. Mit dem Wahrsagen selbst haben Sie nichts zu thun; nur dann, wenn junge Damen ihren Ritter, ihren Liebhaber oder künftigen Gatten genau beschrieben haben wollen, dann sollen Sie ihnen im Spiegel erscheinen. Sie haben gerade das passende

Gesicht, Sie können freundlich und ernst aussehen, haben
ein lebhaftes Mienenspiel, und mit etwas künstlicher
Nachhülfe, Färbung des Haares und Aufkleben von Schnur-
und Backenbart getraue ich mir, aus Ihnen zehnerlei
verschiedene Gesichter zu machen. Da ich nun meistens
weiß, wie der junge Mann aussieht, den die Dame zu
sehen wünscht, so wird es mir leicht sein, Ihnen die gewünschte Form und Gestalt zu geben; meine Kundschaft
wird in Aufschwung kommen, und Sie sollen einen schönen
Thaler verdienen. Sind wir einig, Herr Maxdorf?"

„Einig?" rief der junge Mann, „einig? Na, und ob!
Welch ein Geschäft! Seufzergegenstand für die schöne
Welt von Saint Louis, Compagnon von Madame und
Horcher in allen Bierhäusern! Madame, wir sind einig,
o sehr einig; nur fühle ich, daß eine Einlösung dieser
beiden seltenen Münzen, die nur ein Verblendeter für
einen Hosenknopf und einen Griffel halten könnte, be-
deutend dazu beitragen würde, das Band, das uns um-
schlingt, fester zu schürzen. Zehn Dollars sind unter
Umständen eine Million; ich lasse Ihnen meine Münzen
für zehn Dollars und gebe Ihnen eine Quitung über
eine Million. Erhabene Idee! Ich werde Handschuhe
kaufen, eine Cigarre in den Mund stecken und Geld in
der Tasche haben. Diese drei Begriffe genügen mir;
überwältigen Sie mein Gefühl nicht, entledigen Sie sich

des Mammons und gestatten Sie mir, draußen in Gottes freier Natur Betrachtungen anzustellen über einen neuen Beruf."

Madame hörte den Ausrufungen des jungen Mannes mit sichtlichem Wohlbehagen zu, drückte ihm eine Note in die Hand und ermahnte ihn, thätig und verschwiegen zu sein.

# II.

Wir verſetzen unſere Leſer aus dem Hauſe der
Wahrſagerin in die Weißleinenhandlung von Smith und
Hilmer. Ein Männerhemd, mehre Taſchentücher und zwei
Vatermörder hangen vor der Thür; im Fenſter ſteht ein
Pappbogen, auf dem in großen Buchſtaben zu leſen iſt:
„Five Hundret Seamtresses wanted.“ Fünfhundert
Nähterinnen! Das muß ein bedeutendes Geſchäft ſein!
welch ein Capital muß das Haus Smith und Hilmer
beſitzen, um zu den bereits beſchäftigten Arbeiterinnen
noch fünfhundert neue zu bedürfen. Herr Smith ſteht
hinter dem Ladentiſche und ſpricht mit einem ärmlich
gekleideten Mädchen. Er iſt ein langer hagerer Amerikaner,
hat kurz geſchnittenes ſchwarzes Haar, welches nothdürf=
tig die zuſammengedrückten Schläfen bedeckt. Die hohe
Stirn iſt gefurcht, die buſchigen Augenbrauen beſchatten
ein Paar ſtechend graue Augen, die unruhig hin= und
herwandern. Aus dem magern, gelben Geſicht tritt die

große Nase hervor, Mund und Kinn sind eher häßlich als hübsch zu nennen. Und dennoch liegt in dem Ausdruck der Physiognomie des Herrn Smith etwas Sanftes und Freundliches. Er hat eine weiche Stimme, spricht leise und schlägt häufig die Augen nieder, und wenn er lächelt, mischt sich in sein Lächeln ein melancholischer Zug. Das ärmlich gekleidete Mädchen fragt, ob sie die Ehre habe, mit Herrn Smith zu sprechen?

„Mein Name ist Smith," antwortet er mit herablassender Huld, „was kann ich für Sie thun?"

„Ich möchte für Sie nähen!" stottert das Mädchen.

„Wird mich freuen, mein Kind, wird mich freuen. Sie haben schon früher genäht?"

„Doch, ich habe das Nähen und Schneidern schon in Schottland gelernt."

„Sie sind eine Schottin? Eine Presbyterianerin, nicht wahr, mein Kind?"

„Ja wohl," antwortet das Mädchen.

„Ja, die Schotten sind treffliche Christen; freut mich, freut mich. Da werden sie wohl den Bruder Fenton schon gehört haben; er ist ein selten begabter Mann, der Bruder Fenton."

„Ich habe ihn noch nicht gehört, wir sind erst vor drei Tagen angekommen, Mutter und ich, und da meine Mutter krank ist, so habe ich sie nicht verlassen können."

„Hätten für sie beten sollen, mein Kind! Das Gebet ist besser, denn alle Arznei! Aber was kann ich für Sie thun?"

„Ich wollte Sie um Arbeit bitten. Es geht uns recht traurig, wir haben auf der Reise unser ganzes Gepäck verloren und sind ganz ohne Mittel; da erfuhr ich von unserer Wirthin, daß Sie Nähterinnen brauchten, und ich wollte Sie recht sehr bitten, mir Arbeit zu geben."

„Wir brauchen allerdings Arbeiterinnen, denn der Herr hat mein Haus gesegnet, so daß ich einen großen Umsatz im Jahre habe; aber mein liebes Kind, können Sie mir eine Sicherheit geben, daß die Ihnen mitgegebenen Stoffe nicht verloren gehen? Wir leben in einer sündigen Welt, mein liebes Kind, und leider! leider! muß auch ich bisweilen erfahren, daß mein Vertrauen in die Welt getäuscht wird. Können Sie mir aber eine Bürgschaft stellen, können Sie mir fünf Dollar in Geld als Sicherheit hier lassen, nun dann wäre ich wohl bereit, Ihnen, in Anbetracht Ihrer Lage, Zeug für sechs Hemden mitzugeben. Sie sehen, daß ich nicht mehr thun kann, denn wie weiß ich, ob sie auch wirklich gut nähen? Das Steppen der Kragen und Manschetten ist eine eigene Arbeit, es will gelernt sein, mein Kind!"

„Ich will gern hier in Ihrem Laden ein Hemd nähen," sagte das Mädchen, „wenn Sie mir nur erlauben wollen, ein paarmal am Tage nach meiner Mutter zu sehen, die recht elend ist, und krank im Bette liegt. Sie werden gewiß mit mir zufrieden sein, ich will ja Alles thun, um Ihr Vertrauen zu erwerben; aber fünf Dollar, lieber Gott im Himmel, woher soll ich armes Kind fünf Dollar nehmen?" — Eine rauschende Schöne trat in den Laden und fragte nach Battist-Taschentüchern. Herr Smith eilte ihr entgegen, brachte Pappschachteln herbei und zeigte mit liebenswürdiger Höflichkeit seine verschiedenen Artikel.

Die arme Schottin trat scheu zurück und blickte mit Wehmuth auf Herrn Smith; sie hielt beide Hände krampfhaft auf das Herz gepreßt, ihre Lippen bewegten sich mechanisch, ihr Auge folgte jeder Bewegung des Herrn Smith, sie hoffte jeden Augenblick von ihm angeredet zu werden — er hatte ja Zeit genug dazu, denn die schöngekleidete Dame wühlte in den Battisttüchern und sprach mit Herrn Smith kein Wort — aber Herr Smith hatte für die Schottin keine Augen.

Es dauerte lange, bis die vornehme Dame ihre Auswahl getroffen hatte; endlich trat sie aus dem Laden, die Schottin näherte sich zagenden Schrittes dem Ladentische, Herr Smith raffte die Battisttücher eilig zusammen, warf der Schottin einen vorwurfsvollen Blick zu und sagte: „Führe uns nicht in Versuchung."

Das Mädchen verstand im ersten Augenblick die Worte des Kaufmanns nicht, als er aber seinen Spruch wiederholte, trat ihr das Blut in die Wangen, sie richtete sich stolz empor und sagte mit einer, durch Thränen erstickten Stimme: „Ich bin keine Diebin."

„Well, Well," antwortete Herr Smith — „was wollen Sie mein Kind? Arbeit? Ich habe Ihnen gesagt, daß Sie für eine Einlage von fünf Dollars Arbeit bekommen können. Wünschen Sie sonst etwas?"

Das Mädchen wandte sich ab und wankte hinaus.

Während dieser Scene hatte Hilmer, der Compagnon im Geschäfte, ungeduldig an seiner Feder gekaut. Er war ein Deutscher, ein gerades Gegenstück von Herrn Smith. Sein Gesicht war ein offener Abdruck seiner Herzensgüte und Freundlichkeit; man konnte ihn nicht ansehen, ohne ihn lieb zu gewinnen. Wäre es auf ihn angekommen, die Schottin hätte sicherlich Arbeit gefunden und wohl gar einen Vorschuß erhalten; aber er war zu sehr an das Uebergewicht des Geschäftsvorstehers gewöhnt, als daß er es gewagt hätte, in Gegenwart des Mädchens seinem guten Herzen freien Lauf zu lassen. Er hatte daher an sich gehalten, so lange das Mädchen zugegen war, kaum hatte sie aber die Thür hinter sich

zugemacht, als er von seinem Sitze aufsprang und Smith
Vorwürfe machte.

„Was wollen Sie?" sagte Smith mit seiner ge-
wohnten Ruhe; „sollen wir jeder hergelaufenen Dirne
Waaren anvertrauen? Dann wäre unser Laden bald
leer und das Haus Smith und Hilmer könnte die
Thür schließen."

„Hergelaufene Dirne," rief Hilmer, „war das eine
hergelaufene Dirne? Eine arme Emigrantin, ein blut-
armes Mädchen —"

„Das Vater und Mutter verloren und drei un-
mündige Geschwister zu ernähren hat" — fiel Smith
ein — „o, ich kenne das schon; wir haben ja, Dank der
Europäischen Einwanderung, Gesindel dieser Art genug."

„Gesindel — nun bei Gott, wer macht die un-
glücklichen Menschen zu Gesindel? Was soll aus der
armen Schottin werden, frage ich Sie, wenn alle
Menschen so denken wie Sie? Es ist ein Unglück,
daß sie hier ist, das gebe ich zu; aber nur deswegen
ist es für sie ein Unglück, weil Ihr Amerikaner kein
Herz im Leibe habt, weil Ihr Euch für eine bessere
Menschensorte haltet, die mit Verachtung auf die
Europäer herabblicken darf. — Das Mädchen, Herr
Smith, läuft dem Laster in die Arme, und daran sind
Sie schuld." ·

„Ich bin an gar nichts Schuld als daran, daß Smith und Hilmer einen jährlichen Umsatz von dreimalhunderttausend Dollars haben und daß unsere Wechsel prompt honorirt werden. Haben Sie eine gegründete Klage gegen meine Geschäftsführung, so bin ich bereit, Ihnen Gehör zu schenken. Meine politischen Ansichten gehören nicht ins Geschäft, Herr Hilmer."

„Kaufen Sie mich aus, Herr Smith — ich mag mit dem Geschäfte nichts zu thun haben. Das Blutgeld der armen Mädchen, mit denen wir das Geschäft betreiben, klebt mir an den Händen — ich muß fort aus dieser kalten, engherzigen Speculationswelt — kaufen Sie mich aus und lassen Sie uns in Frieden scheiden."

„Sie kennen unsern Contract," erwiederte Smith, „er lautet auf drei Jahre, Sie haben also noch zwei Jahre zu dulden, Sie schwärmerischer Dutchman; dann aber, nach zwei Jahren, kehren Sie ja in Ihr Vaterland zurück, und bringen Sie Ihren Landsleuten den guten Rath, in der Heimath zu bleiben und zu verhungern."

„Es verhungert Niemand in Deutschland, Herr Smith, aber hier giebt es Fälle. — Doch wir wollen uns nicht streiten, es führt ja doch zu nichts."

„Nein, wir wollen in christlicher Eintracht leben, Herr Hilmer, und ich will zu Gott beten, daß er Ihr

Herz der Gnade eröffne, damit Sie ein Bruder unserer Gemeinde werden."

„Sparen Sie sich die Mühe, Herr Smith —"

„Doch, doch, ich will für Sie beten, — wider Ihren Willen für Sie beten. Wo bleibt nur der Malte? Der Mensch bringt mich zur Verzweiflung — Gott vergebe mir die Sünde — aber wahrlich, Herr Hilmer, ein größerer Simpel als Malte ist mir noch nicht vorgekommen. Zu nichts hat er Geschick, zu nichts Talent, das einzige was er kann, ist deutsch schwärmen, und das bezahlt sich schlecht hier in Amerika. Ich werde ihm kündigen müssen, wenn Sie nichts dagegen haben, Herr Hilmer!"

„Malte ist ein zuverlässiger ehrlicher Mensch," entgegnete Hilmer, „und wenn es ihm auch am Aeußern fehlt, an einer angenehmen Gestalt —"

„Angenehme Gestalt. Herr des Himmels, er sieht ja einem Pavian ähnlicher als einem Menschen — wirklich ich schäme mich, wenn Damen hereintreten und dieses deutsche Prachtstück zu sehen bekommen — aber still, da kommt er."

Malte trat ein, oder richtiger gesagt, fiel ein. Er schien in großer Eile zu sein, sein häßliches Gesicht war hoch geröthet, die langen blonden Locken hingen wie

Hobelspäne unter dem Strohhut hervor, sein Anzug war in Unordnung.

„Was giebt es, Herr Malte?" fragte Smith mit einer ermahnenden Stimme, indem er die Briefe, die jener von der Post geholt hatte, in Empfang nahm. Ich habe eben mit Herrn Hilmer über Sie gesprochen, Herr Malte, und es thut mir leid, Ihnen sagen zu müssen, daß das Geschäft so schlecht geht, daß —"

„Das Geschäft geht schlecht?" rief Malte — „o, das trifft sich ja ganz herrlich, ich wußte nicht, wohin mit all dem Gelde, nun nehmen Sie es Herr Smith und brauchen Sie es in Ihrem Geschäfte."

„Junger Freund, mäßigen Sie Ihre Sprache, aus Ihnen spricht das Bier oder der Wein."

„Bier? Wein?" fragte Malte erstaunt, „aus mir? ich habe ja keinen Tropfen getrunken; aber heute Abend, da wollen wir eine Flasche trinken auf Ihr Wohl, Herr Smith."

„Thun Sie das, nur erzeigen Sie mir den Gefallen, mir die schmerzliche Abschiedsscene zu ersparen, — Herr Hilmer wird Ihnen sagen, was wir besprochen haben."

„Abschiedsscene? Wollen Sie verreisen? Wollen Sie mir nicht erst sagen, ob Sie mein Geld haben wollen — lesen Sie doch den Brief."

Smith sah den jungen Mann forschend an, schüttelte

bedenklich das Haupt, öffnete und las den Brief. Es
war interessant zu beobachten, wie sein ernstes Gesicht
bei jeder Zeile, die er las, länger und freundlicher wurde,
und wie schnell seine Ansichten über Herrn Malte sich
änderten. Kaum hatte er den Brief durchflogen, als
er Malte die Hand reichte und sagte: „So hat denn
Gott mein inbrünstiges Gebet erhört! Warum ich ihn
in schlaflosen Nächten angefleht habe für Sie, mein vortrefflicher junger Freund, das ist in Erfüllung gegangen.
Ja, Herr Hilmer, unser Freund, dessen Wohlfahrt uns
so sehr am Herzen liegt, daß wir erst vor einigen Mi-
nuten mit einander beriethen, wie wir am besten helfen
könnten, der junge Mann, den wir trotz seiner Mittel-
losigkeit als Compagnon aufnehmen wollten, er ist der
Erbe eines in Philadelphia verstorbenen Oheims, der
ihm außer liegenden Gründen ein Conto in der Bank
von funfzig Tausend Dollars hinterlassen hat.“

„Nun da gratulire ich wirklich von Herzen, mein lieber
Malte,“ sagte Hilmer, dem jungen Manne die Hand
reichend.

„Danken wir dem Lenker der menschlichen Geschicke,
und lassen wir das sündhafte Gratuliren, Herr Hilmer.
Gott allein gebührt die Ehre, sein Name sei gepriesen.“

Malte blickte bald Hilmer, bald Smith an. Compagnon? Compagnon von Smith und Hilmer? Er?

2*

Das war zuviel. Gerührt drückte er dem Geschäfts=
führer die Hand — „Sie wollten mich zum Compag=
non annehmen? Mich, als ich noch keinen Cent mein
nennen konnte? O Herr Smith, Sie sind ein Ehren=
mann, ein braver Ehrenmann, und ich kann es nicht
begreifen, daß es Menschen giebt, die Sie verkennen.“

Hilmer trat ungeduldig von einem Fuß auf den
andern. Wider seinen Willen erschien er als Heuchler,
er hatte nicht den Muth, Smith zu widersprechen und
wollte auch nicht seinem jungen Freunde gegenüber als
Betrüger dastehen. Ein lauernder Blick Smith's verrieth,
daß er die Gefahr kenne, in der er sich befand, von
dem ehrlichen Deutschen demaskirt zu werden. Da ihm
aber Alles daran lag, Malte in sein Netz zu ziehen,
der jetzt plötzlich ein wünschenswerther Compagnon ge=
worden war, so suchte er um jeden Preis zu vermeiden,
daß Hilmer zu Worte kam, und es war ihm überaus
angenehm, daß ein Bote von der Bank in den Laden
trat, der Herrn Hilmer ersuchte, zur Berichtigung einiger
Abrechnungen bei dem Cassirer der Bank vorzusprechen.

Kaum sah Smith sich mit Malte allein, als er sein
menschenfreundliches Herz aufschloß. „Es hat mir lange
weh gethan, lieber Herr Malte, daß Sie sich von meiner
Familie so fern halten, und oft schon habe ich eine
Einladung für Sie auf der Zunge gehabt, aber ich fürchtete

von Ihnen mißverstanden zu werden. Jetzt, wo ich Beweise
Ihrer freundlichen Zuneigung habe, stehe ich nicht länger
an, Sie in das schlichte Haus eines Amerikaners einzuladen. Sie werden nicht die feinen Sitten, nicht die
Bildung finden, die Sie in Ihrem schönen deutschen
Vaterlande überall antreffen, aber wir Amerikaner sind
noch ein junges Volk, — Sie müssen daher Rücksicht
mit unseren Mängeln haben und uns unterrichten und
belehren. Kommen Sie heute Abend zu mir, Herr Malte,
es wird meinem Herzen wohl thun, Ihnen einen Platz
am Kaminfeuer einzuräumen, und Sie als Hausfreund
willkommen zu heißen. Sagen Sie nur dem Hilmer
nichts — ich werde ein andermal mit Ihnen über Ihren
Landsmann sprechen — halten Sie sich heute fern —
oder wissen Sie was — die glückliche Nachricht möchte
Ihr Gemüth stark aufgeregt haben, empfindsame Na-
turen wie Sie —"

„Ja, ich bin sehr empfindsam," sagte Malte.

„Nun wohl, Sie möchten aufgeregt sein, Sie sind
aufgeregt, nehmen Sie ein Luftbad, miethen Sie ein
Fuhrwerk und fahren Sie etwas spazieren, es wird
Ihnen wohl thun, mein Freund."

„Es wird mir wohl thun," entgegnete Malte, der
seinem Prinzipal mit aufgesperrtem Munde zuhörte,
und in Zweifel zu sein schien, ob Smith schon ein

Engel sei, oder ob er erst im Begriff stände, einer zu werden.

Da Smith ihn so willig fand, ein Luftbad zu nehmen, schob er ihn sanft zur Thür hinaus und er= mahnte ihn, heute nicht wieder den Laden zu betreten und gewiß um acht Uhr zum Abendessen in seine Privat= wohnung zu kommen.

„O˙gewiß, um acht Uhr, ich werde pünktlich sein, Herr Smith.“

„Seien Sie das, mein lieber Malte,“ wiederholte Smith, und als er den jungen Mann über die Straße stolpern sah, brummte er für sich: „Wenn ich jetzt den Hilmer los wäre! Mit dem Menschen ist nichts an= zufangen, er hat zuviel von der verdammten deutschen Ehrlichkeit an sich und ist mir zu vorsichtig — ich kann ihn nicht — wie ich wohl möchte. Den Malte aber, den Esel traue ich mich in einem Jahre kahl zu rupfen. Der würde zu Allem Ja sagen und wenn ich ihm end= lich anzeigte, daß sein Vermögen bei einer Speculation verloren wäre, mich noch zu trösten versuchen. Also Hilmer muß ausgekauft werden um jeden Preis, und Malte muß an seine Stelle. Wer mir das vor einer Stunde gesagt hätte! Ich hätte den Hilmer für ein Ei und ein Butterbrod los werden können und muß jetzt vielleicht das Doppelte seiner Einlage bezahlen.“

Herr Hilmer kehrte mit einem Clerk aus der Bank zurück; er hatte die Bücher zu vergleichen, und da er ein sehr pünktlicher Geschäftsmann war, hatte er jetzt nur für das Saldo in seinem Contobuche Augen und Ohren.

Während die Beiden sich in die Bücher vertieften, schlich Smith aus der Thür und eilte in seine Wohnung, um seinen Damen die wunderbare Veränderung mitzutheilen, die mit Herrn Malte vorgegangen war. So lange, wie er auf der Straße war, ging er langsamen, feierlich demüthigen Schrittes und blickte wie ein Büßender zur Erde; als er aber sein Haus betreten, nahm er drei Stufen auf einmal und flog die Treppe hinauf. — Wir treten mit ihm ein und bleiben überrascht auf der Thürschwelle stehen, denn es ist ein Luxus in dem Zimmer entwickelt, der unsere Sinne für einen Augenblick blendet. Vor den Fenstern hangen schwere Damastvorhänge, die mit Goldstickerei verziert sind, die Seidentapeten sind mit kostbaren Spiegeln und Bildern bedeckt, die Meubles sind prachtvoll und künstlich gearbeitet und der feine Brüsseler Teppich ist so mit Blumenbouquets durchwebt, daß wir Anstand nehmen, ihn zu betreten. Vor dem Marmorkamin sitzen zwei junge Mädchen und wiegen sich in ihren Schaukelstühlen; eine Negerin sitzt vor ihnen und schält ihnen Orangen.

Der Contrast zwischen den drei Mädchen ist ein merkwürdiger; eine Negerin, schwarz und glänzend, lächelt einer blassen Blondine und einer kupferfarbigen Indianerin zu. Die blasse Blondine ist die Tochter des Herrn Smith; ihre unschönen Züge, ihr großer, halb geöffneter Mund, die flachgedrückte Form ihres Kopfes lassen keinen Zweifel in uns aufsteigen. Wer ist aber die Indianerin? Sie ist eine vollendete Schönheit, schlank gewachsen, hat einen königlichen Anstand und verbindet mit dem glühenden schwarzen Auge einen so lieblichen Ausdruck, eine so kindliche Sanftmuth, ein so frommes unschuldiges Lächeln, daß wir ihren kupferfarbigen Teint ganz übersehen. Ist aber der Teint häßlich? Nein, im Gegentheil, er gefällt uns, er ist schön, entzückend schön sogar. Die bunte Perlenschnur, die sich wie ein breites Band durch das schwarze Seidenhaar windet, hängt auf den vollen schönen Nacken hinab, das blaue Seidenkleid verhüllt nur zum Theil den wogenden Busen des Mädchens — und wenn wir von ihr hinüber blicken nach der blendend weißen Blondine, die mit hochmüthigem Stolze auf die Sclavin zu ihren Füßen blickt, so kehrt unser Auge von seiner Abschweifung schnell zurück und ruht mit neuer Ueberraschung auf der eigenthümlichen Schönheit der Indianerin.

Herr Smith scheint mit ganz anderen Gefühlen zu

kämpfen, als wir. Er geht im Zimmer schnell auf und ab und sagt, nachdem er eine Minute lang mit glanzlosen Augen in den Spiegel gestarrt hat: „Sally, go outside." Die Negerin erhebt sich und verläßt das Zimmer.

„Wir werden heute Abend einen Gast haben," hebt Herr Smith zögernd an — „einen Mann von Bedeutung."

„Wer ist es," frägt seine Tochter, indem sie sich tiefer in den Schaukelstuhl setzt und die Füße gegen den Marmorkamin stemmt.

„Ein reicher junger Mann, der vielleicht mein Partner, und vielleicht noch mehr als mein Partner wird. Es hängt nur von Euch ab."

„Von uns? Wie gefällt Dir das, Rosa? Papa scheint Lust zu haben, uns als Inventarium an seinen Partner abzutreten; recht schmeichelhaft, nicht, Rosa?"

Rosa antwortete nicht, ihre Miene verrieth aber, daß sie an dem Gespräch keinen sonderlichen Gefallen fand.

„Wer ist denn der junge Mann?" fragte die Tochter, die wir Anna nennen wollen, „wer ist der junge Mann, der so ungemein interessant ist?"

„Ein junger Deutscher."

„Ein Dutchman! Ach, das ist allerliebst! Hat er Plattfüße und ißt er sein Sauerkraut? — doch, was frage ich nur, gewiß wird er ein Adonis sein, der schon von Weitem nach Bier und Taback riecht — nicht Papa?"

„Und wenn er das thäte — er thut es aber nicht — wäre das ein Grund, einen gebildeten jungen Mann von funfzigtausend Dollars Baar — das liegende Eigenthum in Philadelphia gar nicht mitgerechnet — so unchristlich zu beurtheilen? Es ist nicht hübsch von Dir, Anna, daß Du die Schwächen Deiner Brüder so rücksichtslos bloslegst, da Du doch weißt, daß wir alle schwache Geschöpfe sind. Da nimm Dir die schöne Prairieblume zum Muster, meine Tochter, und sieh, wie züchtig und sittsam sie die Augen niederschlägt."

„Die Augen niederschlagen? Wovor soll ich die Augen niederschlagen? Doch wohl nicht vor einem Manne, und noch dazu vor einem Dutchman? Papa, mache Dich nicht lächerlich! Etwas anderes ist es, wenn der Mann Vermögen hat, da ist es der Mühe werth, eine Rolle zu spielen. Hat der junge interessante Mann schon das Vermögen? Lebt seine Mutter noch? Hat er eine ältere Schwester bei sich? — Das sind für ein Mädchen wichtige Fragen."

„Du Schelmin," lächelte der glückliche Vater, „fühlst Du schon, daß Du das Sauerkraut und die Tabacks= pfeife entschuldigen kannst? Ich dachte es wohl; sei

nur nicht zu stürmisch gegen den jungen Mann, er hat
ein sanftes, liebevolles Gemüth.“

„Wie interessant! Singt auch wohl zur Guitarre?
Nein, wenn er das auch noch thut, dann entsage ich
ihm, denn ich kann mir nichts Schrecklicheres vorstellen,
als einen ewig seufzenden Liebhaber, der seiner Frau
zu Füßen liegt und vor Schwärmerei zerfließen möchte.
Ich werde ihm das schon vertreiben; wie heißt er aber?“

„Malte ist sein Name, er war bisher Clerk in
unserm Geschäft.“

„Malte? Doch nicht jener eckige kleine Mann mit
den langen blonden Locken? Ein interessanter junger
Mensch, nicht schön — häßlich sogar — der hat Ver=
mögen? Nun, die Sache ließe sich in Ueberlegung
ziehen.“

„Was sagt denn meine sanfte Prairierose?“ fragte
Herr Smith, indem er den Kopf der Indianerin streichelte.

Rosa schlug die Augen auf, lächelte Herrn Smith
wehmüthig=freundlich entgegen und sagte: „Ich hoffe,
daß Anna ihren künftigen Gatten glücklich machen wird,
und wünsche, daß er sie glücklich macht.“

„Gesprochen wie eine Heilige! Wahrlich, liebe Rosa,
bei Dir haben die Worte des Herrn einen guten Boden
gefunden, und das Unkraut ist ausgereutet aus Deinem
Herzen. Wohl dem Manne, der Dich einst heimführt

— und wohl dem Mädchen, das einst den Herrn
Malte besitzen wird. Ich sage dies — und nicht mehr
— Ihr versteht mich meine Kinder. Sollte es des
Herrn Wille sein, dies bescheidene Haus zu segnen, so
ergebet Euch in den Willen des Allmächtigen und seid
dankbar für seine Gnade."

Während Rosa sich erhob und leicht wie eine
Fee durchs Zimmer schritt, warf Anna ihrem Vater
einen schlauen Blick zu, der aber von der reinen
Brust des braven Mannes wirkungslos abprallte. Er
stellte sich vor den Kamin, summte leise eine Hymne
nach der Melodie „Crambambuli, das ist der Titel" und
schielte gelegentlich nach Rosa, die sich ans Fortepiano
gesetzt hatte und mit großer Geläufigkeit eine Ouverture
spielte. Es genirte ihn nicht, daß die Takte der Ouver=
ture zu seiner Hymne nicht im entferntesten paßten —
der gute Mann war so sehr in seine heiligen Gedanken
vertieft, daß die Außenwelt für ihn gar nicht existirte.
Sein Auge ruhte auch nur für kurze Momente auf
Rosa, und wenn ein Blitz durch sein Gesicht zuckte
bei irgend einer leichten graziösen Bewegung des schö=
nen Mädchens, so war das nur zufällig und sicherlich
nur eine Folge seiner religiösen Gemüthsstimmung.

Anna wiegte sich nachlässig im Schaukelstuhle und
ließ die Zahl ihrer möglichen Partieen vor ihrem gei=

ftigen Auge vorüberziehen. Diese Schaar war nicht groß,
denn Anna hatte außer dem Vermögen ihres tugendhaften
Vaters sehr wenig Reize. Sie war, wie wir schon be=
merkt haben, eine Blondine, hatte aber nicht die schönen
veilchenblauen Augen und die frischen Rosen auf den
Wangen, die so oft dem Gesicht einer Blondine einen
unwiderstehlichen Reiz geben, sondern graue gläserne
Augen und eine erdfahle Gesichtsfarbe, die mit der
Farbe ihres reichen Haares übereinstimmte. Ihre ganze
Gestalt hatte jenes „I dont care“ der verzogenen
Amerikanerinnen und umsonst suchte man nach irgend
einem Zuge in ihrem Gesichte, der den unangenehmen
Eindruck ihrer ganzen Erscheinung beschönigt hätte. Ein
junges Mädchen ist selten ganz unschön. Es findet sich
fast in jedem jungen Gesicht irgend ein hübscher Zug,
der dem Ganzen einen Hauch verleiht — aber leider
müssen wir gestehen, daß es uns unmöglich war, einen
solchen Zug bei Anna zu entdecken.

Um wie viel lieber verweilen wir dagegen bei der
Prairierose, wie Smith die junge Indianerin nannte,
wenn seine frommen Betrachtungen ihm gestatteten, für
einen Augenblick dem Weltlichen seine Aufmerksamkeit
zu schenken. Sie hatte die Ouverture zur Norma ge=
wählt. Mit welchem Gefühl trug sie die herrliche
Musik vor, mit welcher elastischen Biegsamkeit wiegte

sie ihr Haupt, ihren Körper! Man merkte es ihr an, daß sie die Musik in ihrer ganzen Schönheit verstand und begriff, daß ihr Herz die Gedanken des Componisten errieth. Eben senkte sie ihr Haupt schwermüthig und schien mit verhaltenem Athem die schwebenden Accorde zu greifen — aber jetzt hebt sie kühn ihre Stirn, die Augen leuchten, das Blut strömt schneller durch die Adern, ihr Busen pocht vor Lust und Wonne über den kriegerischen Marsch. Dachte sie wohl an die Krieger ihres Stammes, an die Schlachten ihrer Väter gegen die weißen Eindringlinge? Für einen Augenblick möchten wir geneigt sein, dies zu glauben, aber ihre Züge sind wieder so lieblich, so unschuldig fromm, sie athmen solch seliges Entzücken über das Adagio, welches sie dem Instrumente entlockt, daß wir uns Gewalt anthun müssen, um zu glauben, daß das herrliche Mädchen eine Indianerin ist. Gern hätten wir ihr länger zugehört, aber ein Zug an der Glocke und gleich darauf die Frage, ob Herr Smith zu Hause sei, macht ihrem Spiele ein Ende; sie tritt lächelnd zu Anna, drückt einen Kuß auf die kalte Stirn und sagt: „Woran denkt meine blasse Freundin so ernst? Hat die arme Rosa sie durch ihr Spiel trübe gestimmt?"

# III.

Wir verließen Maxdorf, als er seine symbolischen
Münzen gegen eine Geldrolle der Madame vertauscht
hatte, und finden ihn wieder, da er eben von einem
Spaziergange durch die Stadt in seine Wohnung zu-
rückgekehrt ist. Kaum hatte die Madame seine Tritte
auf der Flur vernommen, als sie in sein Zimmer eilte,
um ihn zu fragen, ob er seines Versprechens eingedenk
gewesen sei?

„Ich bin die halbe Stadt durchwandert, liebe Madame,
habe frohe Gesichter gesehen und traurige, habe Cigarren
geraucht und meinem Freunde Malte Glück gewünscht;
aber gehört habe ich wirklich nichts, das Sie interessiren
könnte, es sei denn, daß es Sie freut, zu vernehmen,
daß der arme Teufel einen reichen Onkel beerbt hat,
der ihm funfzig Tausend Dollar hinterließ.

„Wer hat funfzig Tausend Dollar geerbt?"

„Mein Freund Malte."

„Wer ist Ihr Freund Malte?"

„Sie kennen Malte nicht? Den kleinen guten, aber abscheulichen und unausstehlich langweiligen Malte kennen Sie nicht? den Clerk von Smith und Hilmer, den kennen Sie nicht? Großartig!"

„Ein Clerk von Smith und Hilmer hat funfzig Tausend Dollars geerbt?" fragte die Madame mit dem Ausdruck höchster Ueberraschung.

„Ja, und sie wollen ihn zum Compagnon machen, und heut Abend ist er bei Smith eingeladen — ist Smith verheirathet? Ich glaubte, der alte Heuchler sei ledig."

Die Madame starrte Maxdorf an, ein düsterer Schatten flog über ihr Gesicht, und erst als er seine Frage wiederholte, ob Smith verheirathet sei? — schien sie sich von ihrem Erstaunen zu erholen und sie antwortete: „Ja, er war verheirathet, er hat eine Tochter —"

„Und? Nun, und?"

„Eine Pflegetochter — kennen Sie Herrn Malte genau?"

„Ob ich Malte, den ehrlichen Julius Malte genau kenne? Madame, wie kommen Sie mir vor? Sie starren mich an, als ob ich Ihnen eine Todesnachricht gebracht hätte, geben mir nur halbe Antworten und fragen mich, ob ich meinen Schulfreund Julius Malte kenne?"

„Entwerfen Sie mir ein Bild Ihres Freundes, aber ein treues, wahres. Sie sind mir schneller von Nutzen geworden, als ich gedacht hätte; schildern Sie mir den innern und äußern Menschen so genau wie möglich. Es ist von Wichtigkeit für mich, Herr Maxdorf — es könnte sehr wichtig für mich werden, ihn genau zu kennen."

„Sein äußerer Mensch, wie Sie sich auszudrücken belieben, ist eben nicht angenehm. Er ist klein, mager, blond und hat ein gutmüthig dummes Gesicht. Die langen gelben Locken hangen ihm bis auf den Hemd= kragen und geben ihm ein jungenhaftes Aeußere. Seine Seele oder sein innerer Mensch ist rein und fleckenlos, er ist gut wie ein Kind, vertrauensvoll — aber dumm. Sie können ihn überreden."

„Ich will ihn zu nichts überreden — aber Sie, Sie müssen ihn überreden."

„Wir kommen jetzt in das Astrologische, wie mir scheint," sagte Maxdorf lachend, „wenigstens scheint mir die ganze Situation stark nach einem überirdischen Geheimnisse zu riechen. Schadet aber nichts, macht nichts — habe noch fünf Dollars in der Tasche, Ma= dame — und fühle mich stark genug, mit der Astro= logie Bekanntschaft zu machen. Nur drauf und dran! Donnerwetter, der Rheinwein kreist in meinen Adern, ich bin bereit, den Teufel zu beschwören und mit seiner Großmutter einen Hopswalzer zu tanzen — sagen Sie mir nur, was Sie von mir verlangen."

„Sie kennen Malte ganz genau?" fragte die Madame, welche langsamen Schrittes im Zimmer auf= und abging, und den neuen Compagnon durchbohrend anblickte.

„Ja, genau," erwiderte Maxdorf.

„Ist er verschwiegen? Das heißt, ist es leicht oder schwer, ihm ein Geheimniß abzufragen?"

„Ich glaube nicht, daß dies schwer sein würde, da er ein Mensch ohne Argwohn ist — ich bin sogar über= zeugt, daß es leicht sein würde, seine Geheimnisse zu erforschen."

„Läßt er sich leicht zu etwas überreden, zum Bei= spiel zu einem Betrug, einem Meineide oder sonstigen Schurkenstreiche? Ich meine, ob es einem schlauen Be= trüger leicht fallen würde, ihn zu überreden, daß es kein besonderes Unrecht sei, einen Wechsel zu fälschen oder falsches Geld auszugeben?"

„Ich gestehe, daß ich mir nie eine derartige Frage ge= stellt habe und weiß gar nicht, wie Sie dazu kommen, sich so genau für Malte's Charakter zu interessiren. Wenn ich aber alle Schwächen seines Charakters zu= sammenfasse, seine Gutmüthigkeit, sein Vertrauen in die Ehrlichkeit anderer, seinen Mangel an Einsicht und

Urtheil, so hielte ich es wohl für möglich, daß er von einem gewandten Spitzbuben hintergangen und ins Verderben gebracht werden könnte."

„Jetzt noch eine Frage: Ist Malte verlobt, oder kennen Sie irgend ein Mädchen, dem er sein Herz zu schenken bereit wäre? Denken Sie ruhig nach, und wenn Sie Ihrer Sache nicht ganz gewiß sind, so machen Sie weitere Forschungen, bevor Sie ein Urtheil fällen."

„Da brauche ich wahrlich nicht nachzudenken, denn mir ist nur zu wohl bekannt, daß Malte viel zu bescheiden und blöde ist, als daß er es auch nur wagen könnte, ein Mädchen zu lieben. Er würde sich eine solche Todsünde nie verzeihen, sondern sich ewig Vorwürfe machen, weil er in seiner bescheidenen Armuth an den Besitz eines liebenden Herzens gedacht. Da sein Sie also außer Sorgen, Madame, Malte ist noch zu haben, und wenn Sie irgend ein junges Mädchen kennen, das mit meinem guten ehrlichen Malte glücklich werden kann, so betrachten Sie ihn als den Ihrigen. — Aber wohin führen Sie mich, Madame? Sie werden mich doch nicht zum Kuppler machen wollen?"

„Thörichter junger Mann," erwiderte Madame, „ein Unglück will ich verhüten, und dabei sollen Sie mir behülflich sein. — Ja, Sie! Trotz des spöttischen Lächelns, trotz des Zuckens in Ihren Augen — ich

3*

kenne Ihr Herz, Ihren Muth und Ihre Zukunft. Oder,
meinen Sie, daß ich Ihnen mein Vertrauen geschenkt
haben würde, wenn ich nicht gewußt hätte, daß Sie
vom Schicksal ausersehen sind, gerade das zu vollbringen, was mir zunächst am Herzen liegt? Glauben
Sie, es sei nur blinder Zufall, daß Sie mir heute,
gerade heute die Nachricht bringen, daß Herr Smith
den reichen jungen Mann ins — in sein Haus führt?
Junger Mann, es giebt keinen Zufall, unsere Geschicke
sind dort oben verzeichnet, und so viel wir Menschen
uns auch eines freien Willens rühmen mögen — wir
sind Sklaven unseres Geschickes. Es war Ihnen bei
Ihrer Geburt bestimmt, Ihr Vaterland zu verlassen,
hierher nach Amerika zu kommen, und gemeinschaftlich
mit mir etwas Großes zu vollbringen. Glauben Sie
mir und folgen Sie mir wie ein treuer Freund; ich will
Ihnen wohl, ich kenne die Gefahren, von denen Sie
umgeben sind, und weiß die Mittel, durch welche Sie
ihnen entgehen können."

Maxdorf war in den Jahren, in denen man für
Abenteuer und Schwärmerei besonders empfänglich ist.
Die Worte der Madame verfehlten daher nicht, einen
tiefen Eindruck auf ihn zu machen, und das spöttische
Lächeln wich dem Ausdruck wachsender Theilnahme und
Neugierde. Die ruhige Zuversicht, mit welcher die

Wahrsagerin sprach, das Geheimniß, in dessen Besitz sie offenbar war, ihre Fragen über den Charakter des guten Malte überzeugten ihn, daß er als Werkzeug zu einer guten Handlung dienen sollte, und er gelobte sich, das Vertrauen zu verdienen, welches die Wahrsagerin in ihn gesetzt hatte. Als die Madame daher in ihrer Rede inne hielt und in tiefes Nachdenken verloren in einen Winkel des Zimmers starrte, trat Maxdorf näher und sagte: „Ich glaube, daß Sie es gut mit mir meinen, und ich danke Ihnen dafür. Ich will Ihnen vertrauen, wie Sie mir, und kann ich dazu beitragen, meinen Freund aus einer Gefahr zu retten, die ihn be= droht, so brauchen Sie mich als willenloses Werkzeug zu seiner Rettung."

„Seiner Rettung? Wer spricht von ihm? Er ist in keiner Gefahr, aber sie, die unschuldige Prairierose, die Pflegetochter des heuchlerischen schlechten Kerls. Setzen Sie sich ruhig nieder, Herr Maxdorf; ich werde Ihnen mittheilen, was Sie nothwendig wissen müssen und Ihnen dann vorschreiben, wie Sie zu handeln haben. Kennen Sie den Herrn Smith?"

„Nur dem Namen nach."

„Sie werden ihn bald näher kennen lernen. Er ist ein reicher Mann und hat außer einer Tochter, die ihrem Vater in jeder Beziehung ähnlich ist, eine Pflege=

tochter im Hause. Dieses Mädchen, deren Name jetzt Rosa ist, die aber früher Zuluhuja hieß, das ist „klarer Bergstrom," ist eine Indianerin, die Tochter eines großen Häuptlings der Creeks. Man muß das Kind selbst gesehen haben, man muß sie persönlich kennen, um von ihrer Schönheit und Liebenswürdigkeit sich einen Begriff machen zu können. Der alte Heuchler hat dieses Mädchen zu sich genommen und erzogen, weil er glaubte, dadurch unter seinen Glaubensbrüdern in Ansehen zu kommen, daß er eine Heidin in der christlichen Religion unterrichtete; und wahrlich, es war Zeit für ihn, die bösen Gerüchte zu beschwichtigen, die über ihn im Umlauf waren. Er glaubt sich jetzt sicher und möchte das Mädchen, das ihm bisher als Aushängeschild seiner Tugend gegolten hat, um jeden Preis aus seinem Hause entfernen. Da ist nun Ihr Freund eine passende Person. Er hat Geld, läßt sich leiten, sein Herz ist noch frei, und Herr Smith wird ihm den Vorschlag machen, die schöne Rosa zu heirathen und dann als Compagnon in das Geschäft einzutreten. Dies muß aber verhindert werden. Wäre Herr Malte ein fester Charakter, ein Mann, auf den man sich unter allen Umständen verlassen könnte, so würde ich der Sache ihren Lauf lassen und kein Unglück darin sehen, wenn er Rosa heirathete. Da er aber in den Händen Smith's nur ein willenloses

Werkzeug sein würde, und nicht Kraft genug besitzt, das Unglück abzuwenden, das dieser Mensch unfehlbar über ihn brächte, so soll und darf Rosa Ihren Freund nicht heirathen. Das schöne herrliche Mädchen soll nicht als Opfer dieses kalten Sünders fallen; Rosa bedarf eines Freundes, und Sie, Herr Maxdorf, sollen ihr Freund, ihr Retter sein."

„Die Sache wird interessant! Eine schöne junge Indianerin? Wie ist Smith zu dem jungen Mädchen gekommen? Ist sie sein Eigenthum? Kauft man hier junge Indianerinnen, wie Negerinnen und Neufoundländer?"

„Sein Eigenthum!" rief die Wahrsagerin entrüstet. Rosa das Eigenthum dieses Menschen? Nein, Gott sei gelobt, sie ist frei! die freigeborene Tochter eines freien Häuptlings."

„Wenn sie aber nicht sein Eigenthum ist, wie kann Smith sie denn zwingen, eine Ehe zu schließen, die ihr zum Verderben gereichen würde?"

„Zwingen? O, es giebt verschiedene Mittel, ein junges schutzloses Mädchen zu zwingen; er wird vor keiner Schandthat, vor keiner Grausamkeit zurückbeben, wenn er glaubt, das Vermögen Ihres Freundes in seine Hände bekommen zu können. Er ist zu allem fähig, der gleisnerische Schuft, drum ist es nöthig, daß Sie ungesäumt ans Werk gehen."

Die Wahrsagerin erhob sich von ihrem Sitze, ihr Auge flammte wild, sie richtete sich hoch empor, hielt die Rechte in die Höhe und murmelte in einer fremden Sprache, die Maxdorf gänzlich unverständlich war, einige heftige Worte. Nach und nach schien der Paroxismus nachzulassen, der Arm sank mechanisch herab, das stier blickende Auge nahm seinen gewöhnlichen ernsten, aber nicht unfreundlichen Ausdruck an, und als es auf Maxdorf's offenen, ehrlichen Zügen ruhte, schien es sogar milde und freundlich.

„Sie müssen das Mädchen retten, Herr Maxdorf," hub sie an, „und dazu ist es erforderlich, daß Sie sich bei Smith's einführen lassen. Hierzu wird Ihnen Malte behülflich sein. Geben Sie sich für einen Musiklehrer aus — Rosa spielt wie Sie das Piano — ertheilen Sie ihr Unterricht. Bewachen Sie jede Miene in dem Gesicht des alten Smith und seiner Tochter, achten Sie auf jedes Wort, das in Ihrer Gegenwart gesprochen wird, und theilen Sie mir alles mit, selbst Wahrnehmungen, die Sie für unbedeutend halten mögen. Sie werden eine Sklavin bei Smith sehen. Geben Sie ihr dies Zeichen — den Zeigefinger der linken Hand drei Mal gegen die Brust gestoßen — und achten Sie genau auf die Bewegung, die das Mädchen macht. Schüttelt sie leise den Kopf, so ist Gefahr vorhanden; nickt sie, so steht noch nichts zu befürchten. Schüttelt aber Sally den Kopf, dann verlieren Sie keine Sekunde, geben Sie der schönen Rosa diese Perlenschnur, und eilen zu mir. Wenn Sie hoffen, jemals glücklich zu werden, wenn Sie an die ewige Seligkeit glauben, wenn Ihnen das Andenken an Ihre Mutter theuer ist, verlieren Sie keine Sekunde, sobald Sie das Zeichen von Sally erhalten. Und noch Eins. Sarah wird Ihnen öfters begegnen, in Verkleidungen sogar, vielleicht als Mann angezogen. Wenn sie bei einem Begegnen das Zeichen mit dem Zeigefinger der linken Hand giebt, dann folgen sie ihr, aber ohne Aufsehen zu erregen; und wenn Ihnen Sarah einen Auftrag giebt, so führen Sie ihn aus, ohne erst nach den Gründen zu fragen. Giebt Ihnen Sarah aber kein Zeichen, so kennen Sie sie nicht, sondern gehen ruhig vorüber.

Die Wahrsagerin zog an einer Glockenschnur; die Quadrone trat ins Zimmer. Ein melancholischer Ausdruck lag wie ein Schatten auf ihrem Gesichte, sie blickte schüchtern zur Erde und fragte mit unterwürfiger Stimme, was Madame zu befehlen habe.

„Du sollst den Herrn Marxdorf als meinen Vertrauten kennen lernen. Er weiß um Rosa und wird meine Aufträge und Vorschriften genau befolgen; wenn

Du seiner bedarfst, und Du ihn außer dem Hause triffst, so gieb ihm das Zeichen."

Sarah trat erschrocken zurück, sie blickte abwechselnd die Wahrsagerin und Maxdorf an und schien durch die Mittheilung, daß Maxdorf der Gehülfe ihrer Herrin sei, im Innersten betroffen. Ihre Lippen bebten krampfhaft, aber sie wagte nicht, ein Wort zu erwidern, sondern neigte ihr Haupt in demüthigem Gehorsam.

Maxdorf entging die innere Bewegung des Mädchens nicht und er konnte sich des tiefen Mitleids mit der jungen Sklavin nicht erwehren. Er näherte sich ihr, ergriff ihre Hand und sagte: „Fürchtest Du Dich vor mir, Sarah?"

Sie schüttelte das Haupt und aus ihren Augen sprach ein so inniges Vertrauen, daß Maxdorf meinte, nie ein schöneres Auge gesehen zu haben.

„Es ist für Sie heute zu spät, Ihren Freund aufzusuchen," sagte die Wahrsagerin, „aber Du, Sarah, laß Sally erfahren, daß Rosa morgen zu Hause bleiben soll." Mit diesen Worten verließ Madame das Zimmer, gefolgt von Sarah, die in der Thür stehend den Kopf umwandte und Maxdorf mit einer so tiefen Trauer anblickte, daß er von dem schwermüthigen Ausdruck in ihrem Gesicht förmlich ergriffen wurde.

„Es ist eine sonderbare Lage, in der ich mich befinde," sprach er zu sich selbst. „Das Geheimniß des alten Smith ist mir so ziemlich klar, aber warum interessirt sich die Madame so sehr für die Indianerin? Ist das Mädchen ihre Tochter? Nicht möglich — und doch wieder möglich, sie könnte ja ein „Halbblut" sein; wenn es aber ihre Tochter wäre, würde sie das Kind dann nicht zu sich ins Haus nehmen? Und diese Sarah! Ist sie nicht bezaubernd schön und hat sie nicht in ihrem ganzen Wesen etwas Rührendes? Warum blickt sie mich so traurig an? Habe ich Unrecht gethan, mich zum Gehülfen der Wahrsagerin herzugeben und fürchtet das Mädchen, daß mir daraus Unheil erwachsen könnte?"

„Wahrhaftig, eine pikante Situation! Eine Indianerin, die ich retten soll, eine Betrügerin — denn etwas anderes ist die Madame doch eigentlich nicht, deren Compagnon ich bin, und endlich diese Sarah! Nun wohlan, mag kommen, was da will, es ist immerhin besser, als Maulesel treiben und Salzsäcke schleppen. Ich habe mich in das Unternehmen hineingewagt und will es beenden."

Maxdorf wurde in seinem Selbstgespräche durch das Anklopfen an seine Thür unterbrochen, und ehe er „Herein!" rufen konnte, stand Malte vor ihm.

„Wie geht es, alter Freund?" rief er dem Eintretenden entgegen. „Mensch, wie siehst Du aus, Du leuchtest und glänzest ja wie ein Vollmond —, hat die reiche Erbschaft Dich in so kurzer Zeit verändern können?“

Malte blinkte mit den Augen, kicherte dummpfiffig und spreizte die Beine auseinander.

„Was hast Du, Malte, warum wiegst Du Dich in den Hüften, wie ein Pavian, sprich und sage an, was es giebt?“

Malte wurde roth, lächelte wo möglich noch einfältiger als gewöhnlich und sagte: „Bin bei Smith gewesen.“

„Du bist bei Smith gewesen? Du hast mir ja schon heute Vormittag gesagt, daß Du zu Smith gehen würdest; ist das Alles, was Du mir mitzutheilen hast?“

„Nein,“ antwortete Malte.

„Na, heraus damit. Komm, zünde eine Cigarre an, mache Dir's bequem und öffne Deinen Neuigkeitssack.“

Malte that, wie sein Freund ihm rieth, setzte sich in den Lehnstuhl, dampfte eine Cigarre und sagte: „Famoses Mädchen bei Smith.“

„So?“

„Famos!“

Eine Pause trat ein, Malte legte die Füße auf den Schreibtisch, räusperte sich und sagte: „Ja, ganz famos.“

„Was geht das Dich an?“ fragte Maxdorf.

„Nichts," antwortete Malte, „nichts," und dabei grinzte er dummselig in die Welt hinaus.

„Gefällt Dir das Mädchen, Malte?" fragte Maxdorf nach einer Pause.

„Famos," antwortete Malte.

„Höre mal, mein Junge, sind das alle Deine Neuigkeiten? Famose Mädchen giebt's überall — was ist denn so Famoses an Smith's Tochter?"

„Tochter?" fragte Malte, indem er die Augen weit aufriß.

„Nun, seine Mutter wird's wohl nicht sein, also erzähle, beschreibe, sprich und thue den Mund auf."

„Mutter? Nein, auch nicht. Pflegetochter — aber famos!"

„Malte, gieb mir meine Cigarre wieder," rief Maxdorf lachend, „für dies eine Wort famos gebe ich wahrhaftig keine echte Havanna."

„Werde nicht böse, Max — aber sie ist wirklich famos. Keine Couleur wie ich oder Du — rothbraun, sage Dir, merkwürdig! Und spielen kann sie, ich sage Dir, spielen und singen — o famos!"

„Wenn es bei Dir nicht regnet, so tröpfelt es wenigstens. Wir hätten also jetzt den Satz festgestellt: Eine Pflegetochter von Smith, die spielt und singt und nebenher famos ist. Was weiter?"

„Was weiter? Nichts weiter, Max, aber sie ist ganz famos."

„Du bist unerträglich, Malte, mit Deinem ewigen Famos. Was hast Du bei Smith gemacht, wie viele Mädchen sind im Hause, sprich doch wie ein Mensch und laß Dich nicht ausquetschen wie eine halbreife Citrone."

„Ja," antwortete Malte, „will es Dir erzählen, aber Du mußt nichts weiter erzählen, Max, sonst lachen sie mich aus in dem Boardinghause."

„Wer hat Dir das gesagt, Malte?"

„Herr Smith."

„Magst Du Smith wohl leiden?"

„Smith? Ja natürlich, werde ja Compagnon von ihm."

„So," brummte Maxdorf.

„Ja," antwortete Malte mit seligem Lächeln.

„Na, erzähle nun einmal die ganze Geschichte. Ich will Dir helfen. Smith lud Dich also ein, nachdem Du die Nachricht von der Erbschaft erhalten hattest."

„Natürlich," sagte Malte.

„O, sehr natürlich — nun, und Du gingst zu ihm. Er war sehr artig, stellte Dich den Damen vor — wie viele Damen waren da?"

„Zwei, aber —"

„Still, bei Deinem Leben schweige! — Also er stellte Dich den Damen vor, sie waren sehr artig und gesprächig."

„Nein!" rief Malte ungeduldig, „sie nicht, blos die eine, die Tochter."

„Und die Famose sprach wenig?"

„Ja, aber sie spielte und sang."

„Und Herr Smith lobte sie, sagte, sie sei ein herrliches Mädchen und Du solltest Partner werden?"

Malte nickte bejahend und kniff vor Vergnügen die Augen zu.

„Schweige," sagte Maxdorf.

„Ich schweige ja."

„Dann wackle nicht so hin und her."

„Ich sitze ja ganz ruhig, Max."

„Mensch, bringe mich nicht um. Du saßest also den langen Abend da und sprachst mit Smith und seiner Tochter. Worüber spracht Ihr?"

„Geschäfte," antwortete Malte.

„Du sprachst mit der Tochter über Geschäfte?"

„Nein, sie mit mir?"

„Höre Malte, ich fürchte, Du hast eine miserable Rolle gespielt."

Malte blickte seinen Freund erschrocken an, wurde feuerroth und nickte mit dem Kopfe.

„Du mußt mich einführen, Malte. Ich will Musik=
unterricht geben, kann Dir vielleicht von Nutzen sein.
Hörst Du! Morgen Vormittag um eilf Uhr stellst
Du mich vor? Wie?"

„Meinst Du?" fragte Malte, „Herr Smith hat
mich nicht darum gebeten."

„Aber ich bitte Dich darum; ich, Dein alter Freund;
willst Du?"

„Ja, wenn es geht."

„Es geht. Also um eilf Uhr hole ich Dich ab.
Wo bist Du um eilf Uhr?"

„In meinem Zimmer; habe einige von meinen
Bekannten eingeladen, arme Teufel, die nichts zu beißen
haben, sollen einmal einen lustigen Tag haben, kommen
um acht Uhr zu mir."

„Um acht Uhr Morgens? Sage Malte, um acht
Uhr hast Du die Gäste gebeten?"

„Ja, mein Gott, warum lachst Du denn, sollen
die armen Teufel nicht auch einen guten Tag haben?"

„Du hast recht, Malte, hättest sie schon um sechs
Uhr einladen sollen; mancher von ihnen wird wohl den
Hungerriemen enger geschnallt haben. Also Morgen
um eilf Uhr gehen wir zu Smith; ich komme aber
früher, möchte Deine Gäste sehen."

„O, das thue, Max. Komme auch um acht Uhr! Sage, willst Du?"

„Vielleicht, vielleicht auch nicht. Jedenfalls komme ich. Aber nun laß mich in Ruh. Gute Nacht, Malte!"

Malte nahm seinen Spazierstock, stellte sich vor seinen Freund, der ein Licht in der Hand hielt, um ihm die Treppe hinunter zu leuchten, und sagte: „ganz famoses Mädchen."

---

# IV.

Die Schweizerhalle war ein besonders beliebtes Gast=
haus für jene Classe von Deutschen, welche Plätze suchen
und keine finden, reine Wäsche als einen entbehrlichen
Luxusartikel betrachten und sehnsüchtige Blicke in die
Cigarrenläden werfen, deren Eigenthümer leider ihren
Egoismus so weit treiben, daß sie nur für Baargeld
ihre Havanna's und Principe's hergeben. Wenn wir
auch geneigt sein möchten, die beklagenswerthen jungen
Männer zu bedauern, die mit vortrefflichen Kenntnissen
ausgerüstet, in der Fremde ein Unterkommen zu finden
hofften, und statt eines einträglichen Postens nichts als
Enttäuschungen erndten; so müssen wir doch diejenigen
beneiden, welche in der Schweizerhalle oder einem der
vielen anderen „Boardinghäuser" ein Unterkommen ge=
funden haben. Sie sind gegen Regen und Wind ge=
schützt, bekommen ihre regelmäßigen Mahlzeiten, finden
ein Domino=Spiel und Zeitungen im Gastzimmer, mit

denen sie sich die Zeit vertreiben können, stehen daher in Bezug auf Comfort um vieles glücklicher da, als jene, welche den letzten Pfennig an ihren Wirth bezahlt haben, und nun ohne Obdach umherirren und nur vom „Lunch" leben. Es besteht nämlich in Saint Louis, wie in allen größeren Städten Amerika's die Sitte, daß die Bierwirthe täglich zu einer bestimmten Stunde ein Frühstück gratis aufsetzen, und einige haben es sogar in ihrem Interesse gefunden, auch noch Abends einen „Lunch" zu geben. Dieser Sitte haben wir es zu verdanken, daß eine große Zahl unserer Landsleute dem Hungertode entrissen wird, und wir kennen junge Männer, die eine Zierde der Gesellschaft sein würden, welche sich alltäglich mit dem Appetit hungriger Wölfe an den Lunchtisch stellen und aufgewärmte Fricandellen mit bewunderungswürdiger Schnelligkeit verschwinden lassen. Sie werfen einen scheuen Blick auf die Biergläser und lockenden Cigarrenkisten, knöpfen den Rock über die nackte Brust zu und wandern durch die Straßen, ungewiß wo sie sich bis zur Wiederkehr der glücklichen Lunchzeit umhertreiben sollen. — Wir dürfen uns daher nicht wundern, wenn in der Schweizerhalle die Nachricht von Malte's bedeutender Erbschaft eine sehr willkommene war, an welche mancher arme Teufel, der mit einem widrigen Schicksal zu kämpfen hatte, neue Hoff=

nungen knüpfte. Malte, der bisher selbst ein kümmerliches Dasein gefristet hatte, folgte nur einem natürlichen Triebe seines guten Herzens, indem er sämmtliche Genossen in der Schweizerhalle sammt den „Lunchvögeln" zu einem Frühstück einlud; damit seine Freunde: Bekannten — was bei ihm ungefähr gleichbedeutend war, denn er war jedem Menschen zugethan — gleich einen Vorgeschmack dessen haben möchten, was ihrer morgen harrete, gab Malte dem Wirthe zur Schweizerhalle den Auftrag, allen Boardern (Kostgängern) und allen Lunchvögeln an Eß=, Trink= und Rauchartikeln zu geben, so viel sie möchten. Der Wirth traute seinen Ohren kaum, als der „bescheidene Simpel" — unter diesem Ehrentitel war Malte in der Schweizerhalle bekannt — diese Aufträge ertheilte und zugleich die Frage stellte, ob er Alles im Voraus bezahlen solle?

„Nur her mit der Bezahlung — versteht sich im Voraus," hatte der Wirth geantwortet, und Malte hatte eine Handvoll Banknoten aus der Hosentasche gezogen, vor der Jedermann Respekt haben mußte.

Es bedarf wohl keiner Versicherung, daß von den Eingeladenen kein Einziger die Stunde versäumte. Pünktlich stellten sie sich bei Malte ein, der in dem Tanzlocale einen Tisch hatte decken lassen, auf dem ein so vollständiges nachhaltiges Frühstück prangte, daß selbst

Müller nicht unterlassen konnte, seine Zufriedenheit auszudrücken. Dieser Müller war ein Stammgast bei dem
Wirth zur Schweizerhalle, ein ehemaliger Philologe aus
Süddeutschland, der seit Jahren in Saint Louis lebte
und dem es trotz der großen Mühe, die er sich Anfangs
gegeben hatte, „einen Platz zu finden," niemals geglückt
war, seine Wünsche — so bescheiden sie auch sein
mochten — zu realisiren. Er wäre nun unfehlbar dem
größten Elende verfallen, wenn er nicht von der Natur
mit einer beißenden Satyre und einer unerträglichen
Grobheit ausgerüstet gewesen wäre, zwei Eigenschaften,
vor denen der Wirth zur Schweizerhalle eine kindische
Furcht hatte. Da sich der Professor der alten Sprachen
nebenher auch willig fand, Messer und Gabeln zu
putzen, Biergläser auszuspülen und dann und wann
beim Rupfen einer Ente behülflich zu sein, so erwarb
er sich allmälig das Bürgerrecht in dem Boardinghause. Er war Präsident bei der Mittagstafel, hielt
auf Ruhe und Ordnung, war aber in seinen Entschei-
dungen unbestechlich und nahm gegen den Wirth Partei,
so oft die Kostgänger gegründete Ursache zur Beschwerde
hatten. Heute war er zufrieden; sein Blick musterte
die aufgetragenen Gerichte, er überzählte die Flaschen
nud Cigarrenkisten — es war Alles in Ordnung und
mit großer Genugthuung erhielt der Wirth, den wir

Schweighaufer nennen wollen, die Verſicherung des Pro-
feſſors, daß in ganz Saint Louis kein beſſeres Früh-
ſtück ſervirt werden könne.

Die Gäſte fanden ſich ein, Malte trat ihnen im
Schlafrock und Pantoffeln entgegen, ſchwenkte eine lange
Ypſilantipfeife und hieß Jeden mit gleicher Herzlichkeit
willkommen. Es wäre nicht unintereſſant geweſen, die
Leidensgeſchichte jedes Einzelnen zu kennen, und es
müßte ſich daraus ein Sittengemälde von Saint Louis
zuſammenſtellen laſſen, das an romanhaftem Inhalte reich-
haltig ſein würde. Wir müſſen uns damit begnügen,
einige der hervorragendſten Perſonen flüchtig zu ſkizziren.
Indem wir die Gäſte muſtern, die ſich um den Tiſch
geſetzt haben und fleißig dem Becher und den Eßwaaren
zuſprechen, bemerken wir eine Gruppe von drei jungen
Männern, die ſich durch ihre dürftige Kleidung beſon-
ders auszeichnen. Der älteſte dieſer Drei iſt in einen
ſchäbigen blauen Friesrock gehüllt, während die Beine
in verwaſchenen Nankinghoſen ſtecken; die beiden Anderen
tragen abgeſchabte ſchwarze Fracks, eine zerrüttete ſeidene
Weſte und eine Art von Militairhoſen, die ihnen nur
bis auf die halben Waden reichen. Sie ſitzen ſchweig-
ſam neben einander, eſſen und trinken langſam und mit
einem Anſtand, den ſie nur in guter Geſellſchaft erworben haben können. Ihre dunklen Geſichter, der ge-

kräuselte Schnurrbart, ihre gerade stolze Haltung lassen
uns vermuthen, daß sie Ungarn sind. Der Professor
nähert sich ihnen, bringt ihnen eine Flasche Tokayer,
füllt vier Gläser und stößt mit ihnen an. „Elgen!"
rufen die drei Männer, ein Zauber durchzuckt sie, ihre
Augen leuchten vor Stolz und Jugendkraft, sie reichen
sich die Hände und lassen den Becher lustig kreisen.
Es sind drei ungarische Grafen.

Weiter unten sitzt ein verkommener Mensch, der
träumerisch den Finger in sein Glas tunkt und Fi-
guren auf den Tisch zeichnet. Sein langes blondes
Haar ist nach rückwärts gekämmt und hängt auf den
Rockkragen hinab. Die eingefallenen Augen, die her-
vorstehenden Backenknochen, die langen hagern Finger
sind sprechende Zeugen des Hungers. Ein schmerzliches
Lächeln durchzuckt das verkümmerte Gesicht, die dürre
Hand ergreift ein Glas, er stürzt den Wein hinunter
und declamirt mit hohler Stimme: „Schwarz ist Pul-
ver, roth ist Blut und golden leuchtet die Freiheit." —
Er ist ein Flüchtling aus Baden, ein talentvoller Mann,
der im äußersten Elend vergeht. Nicht weit von ihm
sitzt ein kurzer dicker Mann, dessen aufgedunsenes Gesicht
beweist, daß er dem Schnapstrinken verfallen ist. Ein
nervöses Zucken begleitet alle seine Bewegungen, der
Mund hängt schlaff herab, das Auge ist gläsern und

matt. Er läßt sich Whisky einschenken, steht auf und sagt: „Meine Herren! Ich erlaube mir das Wohl des Satans auszubringen. Der Satan, meine Herren, ist ein Cavalier; er hält, was er verspricht und zahlt für eine Seele ein anständiges Honorar. Ich habe ihm meine Seele für ein Faß Whisky verkauft, mehr, als ich in zwei Jahren hier in Saint Louis habe verdienen können. Drum, meine Herren, es lebe der Satan!" Er setzt sich wieder hin, läßt den Kopf hängen und schnarcht.

Der Mann war Kaufmann in Wien und hatte seine Frau und vier Kinder innerhalb einer Woche begraben. Aus Verzweiflung über diesen Verlust ergab er sich dem Trunk.

Wir könnten noch mehr solcher Skizzen entwerfen; da wir aber nur Verzweiflung, getäuschte Erwartungen, Armuth und Elend zu schildern finden würden, wollen wir uns neben Malte niederlassen, der einen Kreis von Bekannten um sich versammelt hat, die zu den bevorzugten Menschen gehören, welche eine feste Anstellung haben und den Titel „Clerk" führen. Zu ihnen hat sich ein junger Mann gesellt, der bei der Presse beschäftigt ist und die Stadtneuigkeiten zusammentragen muß. Er ist ein Berliner, spricht viel und schlecht und frägt Malte: „Sajen Sie selbsten, is acht Dollars die

Woche eene Besoldung für eenen Mann von meinen Fähigkeiten? Acht Dollars die Woche, 's Bier kost mich alleene soviel, und ich soll mich sauber halten und mein Genie hergeben! Schändliches Jahrhundert, miserabler Lump von einem Redacteur, Ungeheuer du, Saint Louis, Grab meiner Jugendhoffnungen, acht Dollars die Woche!"

Malte blickte ihn theilnahmsvoll an und sagte: „Ja, das ist sehr wenig — ich habe freilich von fünf Dollars gelebt."

„Sie waren aber nur Clerk?"

„Ja, ich war nur Clerk."

„Ich bin aber Schriftsteller und muß für acht lumpige Dollars arbeiten — ach, wenn dies müde Haupt doch ruhen könnte?"

„Sind Sie müde? O bitte, treten Sie in mein Zimmer, machen Sie sich's bequem."

„Sie verstehen mich nicht, mich versteht Niemand! Das ist der Fluch, der auf mir lastet, immer und immer mißverstanden zu werden. Aber macht nichts. Ihr Wohl, Herr Malte, Ihr Wohl, meine Herren."

„Danke!" sagte Malte.

„Sie brauchen wohl keinen Kettenhund?" fragte das Genie wieder.

„Nein," antwortete Malte.

„Wenn Sie einen brauchen, so denken Sie an mich, Friedrich Kargau ist mein Name."

„Haben Sie Hunde zu verkaufen?"

„Das fehlte auch noch, nein, Gott sei Dank, ich habe nichts zu verkoofen, will mich selber verkoofen. Legen Sie mir eenen Strick um den Hals, binden Sie mich ans Hundehaus, füttern Sie mich gut und geben Sie mir Pfeife und Taback — und dagegen verpflichte ich mich, jeden anzubellen, der vorbei jeht! und wenn ich's nicht thue, dann hauen Sie mir die Jacke voll.. Lieber Kettenhund sein ohne Genie, als Localreporter für acht Dollars die Woche mit Genie."

Malte schwankte zwischen einem Anerbieten von Gehaltsbeiträgen und Eröffnung eines „Pumps," denn er hatte ungeheure Begriffe von der Wichtigkeit eines „Reporters," von dessen Thätigkeit und Wachsamkeit so zu sagen Leben und Eigenthum der Bürger abhängt, und dessen schlechte Witze von den Lunchvögeln täglich geduldig mit angehört werden, weil der Reporter dann und wann in der Lage ist, ein Glas Bier zu „treaten."

Als er noch mit sich selbst ungewiß war, welches Anerbieten er dem Genie machen solle, trat Herr Hilmer ins Zimmer, dem Maxdorf auf dem Fuß folgte. Hilmer war ein kleines lebhaftes Männchen, das schnell wie ein Repphuhn daher rutschte, freundlich rechts und links

grüßte, und seinen Gruß bisweilen „nachbesserte," wenn
er glaubte, daß sein erster nicht freundlich genug ge=
wesen war. Er kannte Jedermann und Jedermann kannte
ihn, und Jedermann hatte ihn gern.

„Gratulire nochmals, mein lieber Malte, es gönnt
Ihnen, so wahr Gott lebt, Niemand Ihr Glück auf=
richtiger, als ich. Ich freue mich Ihretwegen so, daß
ich die ganze Nacht kein Auge zugemacht habe — Hand
aufs Herz — sehen Sie mir ins Auge, ob ich lüge!
Also nochmals, von Herzen, aus der innigsten Seele
wünsche ich Ihnen Glück. Es möge Ihnen wohl gehen,
lieber Malte! Meine Herren, Ihr Wohl! Herr Banse —
wie geht's, freut mich Sie wohl zu sehen — Herr
Bauer, freut mich, hoffe, Sie sind heute guter Laune,
freut mich, meine Herren!"

„Ich schlage vor, daß wir die Gesundheit des
freundlichen Wirthes ausbringen, des edlen Schweizer=
buben, der uns Allen ein Freund in der Noth war."

— „So lange wir Geld hatten," rief ein trauriges
Exemplar.

„Freund in der Noth war," wiederholte der Pro=
fessor — „meine Herren, ich frage Sie, ob wir Herrn
Schweighaufer leben laffen wollen?"

„Ja, Nein," antworteten die Gefragten.

„Ich schlage vor, daß wir abstimmen," fuhr der

Professor fort. „Herr Malte, erlauben Sie, daß wir abstimmen, oder wollen Sie die Entscheidung in Ihre Hand nehmen?"

„Laß abstimmen," flüsterte Maxdorf ihm ins Ohr, und Malte sagte: „Abstimmen."

„Wer dafür ist, daß wir Schweighausers Gesundheit ausbringen, der stehe auf, wer dagegen ist, bleibe sitzen; die Ja haben es. Meine Herren, ich schlage vor, daß eine Deputation an Herrn Schweighauser geschickt wird, um ihn von der Ehre in Kenntniß zu setzen, die wir ihm zugedacht haben, und denominire die folgenden Herren: Herrn Kühne von der Firma Rutter und Sup, Herrn Feldmeier von der Firma Rowdie und Bowie und Herrn Kargau von der Firma Krizer und Daler."

„Anjenommen," rief Kargau, „ich schlage nischt aus, und wenn Sie mir damals gefolgt wären, und hätten mir die Kaiserkrone anjeboten — aber ich habe mich nicht vordrängeln mögen — na, komm her, Kühne; erhebe Dich, Feldmeier — wie ist es, sollen wir die Madame auch einladen? Herr Malte, wollen Sie das complete Ehepaar sehen, oder nur einen Theil?"

„Keine Theilung," riefen einige Stimmen, „Einigkeit und Einheit — bringen Sie das complete Paar."

Die Deputation begab sich hinab in das Wohn=

zimmer der Schweighauser'schen Eheleute und erschien
bald mit dem „Schweizerbuben und seinem Mädli."
Ein donnerndes Hoch tönte ihnen entgegen, Herr
Schweighauser verbeugte sich, Frau Schweighauser hielt
die Schürze vor die Augen und vergoß eine Thräne
der Rührung.

„Rede halten!" rief der Professor, „— Silentium.
Herr Malte, Sie werden ersucht, einige passende Worte
an unsern edlen Wirth und seine vortreffliche Wirthin
zu richten."

„Herr Malte ist nicht disponirt," antwortete Maxdorf, „und ersucht den Herrn Professor, den Präsidenten
dieser würdigen Versammlung, daß er eine Ansprache
halten möge."

„Oder soll ich eine Rede halten?" fragte Kargau.

„Wenn Sie etwas halten wollen, so halten Sie
das Maul," erwiderte der Wiener Kaufmann, der seit
einer Viertelstunde wieder aufgewacht war, und eine
entfernte Idee hatte von dem, was um ihn vorging.

Kargau schleuderte ihm einen wüthenden Blick zu,
seufzte über Nichtanerkennung des Genies und setzte sich
mürrisch nieder. Dagegen erhob sich der Professor und
hielt folgende Ansprache:

„Meine sehr würdigen Wirthe!
Seit Jahren bin ich ein Insasse in Eurer Schwei-

zerburg und habe treu zu Euch gehalten in bösen, wie
in guten Stunden. Ich habe meine Kenntnisse als
Waschlappen in Euerm Dienste verwendet, und habe
dafür Speise und Trank und jeden Weihnachtsabend
drei neue Hemden bekommen. Immer hoffte ich auf
die Stunde, wo ein Sprosse Eueres Ehebundes das
Licht der Welt erblicken würde, damit ich ihn unter
meine Obhut nehmen und ihm Mensa beibringen könnte —
aber meine Wünsche blieben unerfüllt. Hoffen wir
aber, daß wir noch alle den frohen Tag erleben, an
welchem der Storch dies Haus besuchen und einen
kleinen Schweizerbuben in die Wiege legen wird. Da wir
aber heute nicht auf das Wohl dieses einstigen Erben
trinken können, so laßt uns das Wohl unserer vortrefflichen Wirthsleute ausbringen, die den Hungrigen spei-
sen, den Durstigen tränken, den Frierenden wärmen.
Meine Herren! Herr und Madame Schweighauser
sollen leben! Sie leben hoch, hopp hopp hopp — hoch!
hopp hopp hopp — hoch!"

„Elgen!" riefen die drei Ungarn, „Bassama ter-
remtete!"

„Gut gebrüllt, Löwe!" sprach das traurige Exemplar.

„Das ist lauter Blech!" rief Kargau aufspringend.
„Meine Herren, ich opponire! Wir leben im Zeit-
alter der Intelligenz, der Anerkennung der Natio-

nalität. Wenn der Professor glaubt, daß Süddeutsche
ganz allein das Recht haben, zu reden, so irrt er sich.
Großdeutschland ist hier durch mich vertreten, ich for=
dere Anerkennung."

„Rede halten!" tönte es ihm von verschiedenen
Seiten zu, und er trat auf den Tisch und sprach:

„Meine Herren und Damen — geehrte Wirthe,
Gäste und Freunde, Nord=, Süd=, West=, Ost= und
Mitteldeutsche, Schweizer, Ungarn und Polacken, Ka=
tholiken, Protestanten und Juden, importirte Anwesende
und Amerikamüde Zuhörer! Lincoln ist gewählt, die
Union ist flöten, es ist hier faul, oberfaul, das Genie
findet keine Anerkennung, das Frühjahr bricht an —
ich schlage vor, meine Herren —"

„Hurrah hoch!" rief der Wiener Kaufmann, „hopp
hopp hopp hoch!" stimmten die Gäste ein, und wider
Willen sah Kargau sich verhindert, seine Rede fortzusetzen.

Während diese und ähnliche Reden gehalten wur=
den, während der Wirth und die Wirthin um den
Tisch herumgingen, und mit jedem einzelnen Gast
anstießen, und so oft die Gesundheiten erwiderten, daß
sie zuletzt in sehr schiefer Stellung das Zimmer ver=
ließen, hatte Maxdorf den Herrn Hilmer in das Neben=
gemach gerufen, um von ihm Aufschlüsse über Smith
zu erhalten.

„Ich kann Ihnen weiter nichts sagen, Herr Marxdorf, als daß Smith ein pünktlicher Geschäftsmann ist,
der allerdings gegen die Nähterinnen hart und herzlos
handelt, ihnen aber ihren Verdienst regelmäßig aus-
zahlt. Er scheint ein eifriger Kirchengänger zu sein,
hängt seinem Glauben mit Innigkeit an, und ich halte
ihn für einen durchaus rechtlichen Mann. Mein weiches
Herz fühlt sich oft verletzt, wenn er armen Frauen und
Mädchen, die nicht in der Lage sind, den Einschuß von
fünf Dollars zu zahlen, gar zu kaufmännisch begegnet,
und dies ist der einzige Grund, warum ich wünsche,
aus dem Geschäfte auszutreten."

„Ueber die Familienverhältnisse Smith's wissen sie
also nichts!"

„Nichts, gar nichts. Ich habe sein Haus niemals
betreten, und werde es wohl kaum betreten. Er ist
Nativist — Knownothing, verachtet uns Deutsche, und
da ich ein Deutscher bin mit Leib und Seele, Herr
Marxdorf —. So sehe ich nicht ein, was mich veranlassen
sollte, ihn zu besuchen."

„Können Sie mir vielleicht Personen nennen, ver-
dächtige Personen, mit denen er verkehrt?"

„Nicht daß ich wüßte," entgegnete Hilmer. „Und
doch — es kommt bisweilen ein Amerikaner Namens
Harrison zu ihm, ein Mann der mir sehr wenig ge-

gefällt, dem er aber oft nicht ganz unbedeutende Geld=
vorschüsse macht."

„Bekommt er das Geld immer wieder? Sie müssen
das ja wissen, da Sie die Kasse führen, wie Malte
mir gesagt hat."

„Das weiß ich nicht. Smith nimmt das Geld,
belastet sich damit im Buche, und was nachher damit
geschieht, kann ich nicht sagen."

„Wissen Sie etwas Näheres über diesen Harrison?"

„Nein."

„Können Sie mir wohl eine Schilderung seines
Aeußeren geben? Mir liegt aus Gründen, die Ihnen
später klar werden sollen, sehr viel daran, möglichst
genaue Aufschlüsse zu bekommen. Versuchen Sie es,
bitte, den Harrison zu beschreiben."

„Ich finde Ihre Fragen sehr —"

„Unbescheiden," wollen Sie sagen, „lassen Sie sich
dadurch nicht abhalten, sie zu beantworten. Ich gebe
Ihnen mein Ehrenwort, daß ich keine schlechten Ab=
sichten verfolge, sondern im Gegentheil sowohl Ihr wie
Malte's Wohl im Auge habe. Sie sollen später Alles
erfahren, sagen Sie mir jetzt nur, wie Harrison aus=
sieht."

„Er ist ein langer hagerer Mann, der stets sehr
anständig gekleidet ist, meistens einen schwarzen Frack

trägt und einen feinen Biberhut hinten im Nacken sitzen hat. Sein Gesicht trägt Spuren von Blatternarben, und wenn ich nicht irre, fehlt ihm das linke Ohr. Ich bin nicht ganz gewiß — mir scheint aber, daß das linke Ohr fehlt. Er trägt deswegen das Haar ziemlich lang und läßt es in der Schläfe herunterhangen. Wie gesagt, ein Ohr fehlt ihm, ob es das rechte oder linke ist, kann ich nicht mit Bestimmtheit sagen.

„Kaut er Taback," fragte Maxdorf, der die Notizen, die er von Hilmer erhielt, in sein Taschenbuch verzeichnete.

Hilmer sann einen Augenblick nach und sagte: „Ja, er kaut sogar stark."

„Auf welcher Seite des Mundes hält er den Taback?"

„Warten Sie, ich muß mich wahrhaftig besinnen. Wenn er in den Laden tritt und mit Smith spricht, so sehe ich seine rechte Seite; ja wohl, auf der rechten Seite führt er den Taback — ich entsinne mich jetzt ganz deutlich."

„Wie ist er in seinem Benehmen; steif, förmlich oder beweglich?"

„Er scheint mir ernst und gelassen, aber sehr bestimmt zu sein. Er spricht kurz und abgebrochen und duldet keinen Widerspruch."

„Wie wissen Sie das?"

„Es kam mir schon oft so vor, als ob Smith ihm widersprechen wollte, aber Harrison machte einen kurzen und bestimmten Einwand, und Smith holte dann das Geld."

Maxdorf steckte sein Notizbuch in die Tasche, ergriff Hilmer bei beiden Händen und sagte: „Smith will Sie auskaufen und Malte als Compagnon annehmen. Es ist auf seinen Ruin abgesehen, und damit Sie ihn nicht warnen können, ist Smith bemüht gewesen, Malte gegen Sie aufzuhetzen."

„Gegen mich?"

„Ja, gegen Sie. Lassen Sie sich auf nichts ein; verkaufen Sie Ihren Antheil nicht, bis ich Ihnen einen Wink gebe, unter keiner Bedingung geben Sie es zu, daß Malte eintritt — verstehen Sie, unter keiner Bedingung. Seien Sie gegen Malte freundlich, wie sonst und lassen Sie ihm nichts merken von unserer heutigen Unterredung. Stößt Ihnen irgend etwas Verdächtiges auf, kommt Harrison, oder ein anderes Individuum der Art in den Laden, das mit Smith geheime Unterredungen hat, so geben Sie genau auf Alles acht und theilen Sie mir Ihre Wahrnehmungen ungesäumt mit. Sie wissen meine Wohnung?"

„Ecke der siebenten und Wallnußstraße, in dem hübschen kleinen Häuschen?"

5*

„Ganz richtig, eine Treppe hoch. Seien Sie verschwiegen, Herr Hilmer, halten Sie die Augen auf und
den Mund zu, es handelt sich darum, einen Amerikaner
zu entlarven, der zwei Deutsche zu Grunde richten will.
Sind wir Bundesgenossen?"

„Hier meine Hand," rief Hilmer, der Maxdorf
voll Erstaunen anstarrte.

„Nun gut, ich verlasse mich auf Sie. Es ist aber
Zeit, daß ich aufbreche. Rufen Sie Malte, bitte, in
sein Zimmer, sobald Sie sehen, daß ich aus dem Eßsaal
hinausgehe, und bleiben Sie ganz ruhig auf Ihrem
Platze sitzen."

„Sie geben Ihr Ehrenwort, daß Sie nichts im
Schilde führen, wodurch ich compromittirt werden kann?"

„Mein Ehrenwort."

„Das genügt mir. Gehen Sie voran, ich werde
Ihnen Malte gleich nachschicken."

Maxdorf reichte ihm die Hand, empfahl ihm nochmals Wachsamkeit und Verschwiegenheit und begab
sich in Malte's Stube. Einen Augenblick später trat
Malte ein.

„Es ist schon eilf Uhr, mache Dich fertig, Malte,
wir müssen zu Smith."

„Meinst Du?" fragte Malte, dem es gar nicht
lieb war, seine Gäste zu verlassen, und der seine Zweifel

hatte, ob Herr Smith es gern sehen würde, daß er
den Freund einführte.

„Ja ich meine. Mache keine Umstände, Freund,
Du mußt mich der famosen Dame vorstellen."

„Ja, sie ist ganz famos," wiederholte Malte.

„Na, mache nur, wirf den Schlafrock ab — mußt
ein reines Hemd anziehen, Malte, hier im Koffer? —
wahrhaftig, hast ja noch eins, so, blanke Stiefeln —
Frack hast Du keinen, der alte grüne Rock thut's noch
für heute — Taschentuch? — Pfui Henker, wer trägt
seidene Taschentücher; hier nimm die Haarbürste und
streiche das Haar nicht so schaafmäßig hinter die Ohren
— bist ein göttlicher Kerl, Malte; also das Mädchen
ist wirklich famos?"

„Ja, ganz famos."

„Na, dann eile Dich, hast Deine Zähne schon ge=
bürstet? Thue es nochmal, es vertreibt den Tabacks=
geruch. Was? mit einer Nagelbürste? Bist Du bei
Sinnen?. Freilich — es ist Alles eins, Bürste ist
Bürste. Siehst wirklich ganz gut aus, Malte, halte
nur den Kopf nicht so vornüber und strecke den Bauch
nicht so weit vor. Wenn Du Mädchen den Hof
machen willst, so mußt Du ein bischen mehr auf Dein
Aeußeres halten.

„Ja, ganz famos? mußt mir beistehen, Max, ich

nehme Dir's auch gar nicht übel, wenn Du mir etwas
sagst. Können wir jetzt gehen? Sitzt der Rockkragen
hinten ordentlich — sieh mal nach, Max."

„Du bist ein ganzer Kerl! Ich werde noch Freude
an Dir haben, und die Mädchen werden Dir nach-
laufen, wenn Du nur eine andere Haltung annimmst und
nicht so schnell durch die Straßen läufst. Du stellst
mich also als Deinen Freund vor, einen Musiklehrer,
der erst ganz vor Kurzem aus Europa angekommen ist,
den Du aber schon von Jugend auf kennst. Das
Weitere überlässest Du mir."

„Ja, das überlasse ich Dir."

# V.

Herr Smith hält den Missouri Republican in der Hand, liest ihn aber nicht, sondern beobachtet seine Tochter, die mit liebenswürdiger Koketterie ihre Ansichten über Malte ausspricht, und Rosa mit triumphirender Miene fühlen läßt, daß sie sich keine Hoffnung auf den vermögenden jungen Mann zu machen brauche.

„Ich finde den kleinen Dutchman ganz allerliebst," sagt sie, indem sie den Kopf in die Höhe wirft und die Unterlippe breitzieht. „Er hat etwas Angenehmes, Bescheidenes in seinem Wesen, etwas Zutrauen Erregendes — ich finde ihn wirklich interessant. Nicht wahr, Rosa? Malte ist ein recht liebenswürdiger junger Mann."

Rosa lächelt gutmüthig, legt ihre Hand auf Anna's Arm und sagt: „Liebt meine Schwester den jungen Mann, dann will ich meiner Schwester wünschen, daß er sie wieder liebt."

„Pah," antwortete Anna, „ich werde doch nicht

einfältig genug sein, mich zu verlieben — und gar in
solch — einen jungen Menschen. Aber warum sollte
er mich nicht lieben? Schon manches Mädchen hat
das Herz eines Mannes erobert, ohne gerade dunklere
Haare zu haben, als ich. Habe nur Geduld, liebe
Rosa, die Reihe kommt auch an Dich — betrachtest
Du ihn aber schon als Dein Eigenthum, nun so trete
ich zurück — ich bin nicht neidisch, wahrlich nicht."

Rosa senkte das Haupt und fuhr fort, an ihrer
Stickerei zu arbeiten.

„Herr Malte ist unsern Herzen ein warmer Freund,"
fiel Smith ein, „aber ich dächte, es sei nicht sehr wohl-
anständig, daß junge Mädchen —"

„Mache Dich nicht lächerlich, Papa," bat Anna.
„Sprich nicht von wohlanständigen oder unanständigen
Dingen, es schickt sich für Dich gar nicht."

Herr Smith erhob drohend den Finger, lächelte mit
einem leisen Kopfschütteln, und sagte: „Du schelmisches
Kind!"

„O, Du bist unerträglich, Papa, mit Deinem
Comödienspiele. Was willst Du überhaupt hier? Es
ist kaum eilf Uhr, und Du bist schon seit einer Stunde
aus dem Laden zurück. Besorge Du Deine Geschäfte
und überlasse mir die meinigen. War Harrison
vielleicht wieder bei Dir?"

Smith zuckte zusammen, als wenn ihn eine Natter gestochen hätte und fragte mit heiserer Stimme: „Harrison? Wie so?"

„Nun, ich dachte nur so — es ist ja Deine Gewohnheit, uns Deine Gesellschaft zu gönnen, wenn Du seinen Besuch erwartest und Dich fürchtest, in den Laden zu gehen. Was hast Du eigentlich mit dem Menschen vor?"

„Er bringt mir Traktätlein und Bußpredigten, meine Tochter; ich werde heute Abend ein Traktätlein vorlesen. Fleischliche Gedanken erfüllen Dein Herz, mein Kind, und da ist es Zeit, daß der heilige Geist über Dich komme —"

„Papa, höre auf," rief das reizende Mädchen, „Du bist heute unausstehlicher, als je; aber wer kommt da aufs Haus zugegangen? — Wahrhaftig, Herr Malte, mit einem fremden Herrn. Ach, das ist allerliebst. Komm Rosa, setze Dich ans Fortepiano und spiele, ich nehme schnell ein Buch in die Hand und thue, als ob ich gelesen hätte. Mache doch, daß Du fortkommst, Papa, Du genirst hier nur —"

Aber Rosa rührte sich nicht von ihrem Platz, und Herr Smith fand es nicht nothwendig, den Rathschlägen seiner Tochter zu folgen. Sie schleuderte beiden einen giftigen Blick zu, warf sich in süßer Nonchalance in ihren Schaukelstuhl und bemerkte gar nicht, daß die beiden jungen Männer im Zimmer standen und tiefe Verbeugungen machten.

„Freut mich, Sie zu sehen, mein vortrefflicher junger Freund, wie geht es Ihnen, Herr Malte? — bitte, wie ist der Name Ihres Freundes?"

„Maxdorf."

„Herr Maxdorf, freut mich Ihre Bekanntschaft zu machen — Miß Anna Smith — Herr Maxdorf; Miß Rosa — Herr Maxdorf, freut mich, meine Herren, nehmen Sie Platz, meine Herren, in meinem bescheidenen Hause."

Maxdorf warf einen prüfenden Blick auf Rosa und konnte es kaum unterlassen, das Wort „famos" auszusprechen. Er beherrschte aber seine Züge und schien ganz im Anblick Anna's versunken.

„Sind Sie schon längere Zeit in Saint Louis?" fragte Herr Smith.

„Erst seit einer Woche; ich bin Professor der Musik und habe meinen Freund Malte gebeten, mich hier vorzustellen, nachdem ich erfahren, daß Ihre Damen so große Virtuosen sind."

Malte sperrte den Mund auf und sah seinen Freund voll Verwunderung an; er sagte aber kein Wort, sondern grinste vergnügt in sich hinein.

„Sofern die Musik dazu dient, unser Herz zur An=
dacht zu stimmen, halte ich dafür, daß sie eine erlaubte
Unterhaltung gewährt, und habe deswegen meiner Tochter
und Miß Rosa gestattet, einige Hymnen und geistliche
Lieder zu erlernen. Wenn es Ihnen Freude macht,
werde ich Miß Rosa bitten, einige Takte zu spielen."

„Wenn es dem Fräulein nicht unangenehm ist —"

„Sie spielt famos," sagte Malte, der nicht länger
an sich halten konnte; ein einziger Blick Maxdorf's
machte ihn aber sogleich wieder verstummen.

Rosa erhob sich von ihrem Sitze und fragte mit
ihrer klangvollen Stimme Herrn Smith, ob er wünsche,
daß sie spiele? Es gehörte nur geringe Menschen=
kenntniß dazu, um aus dem schmerzlichen Ausdruck
ihrer Stimme zu entnehmen, daß sie nur aus Gehorsam
und Scheu vor Herrn Smith spielen würde. Maxdorf
half ihr schnell aus dieser peinlichen Situation; er
eilte ans Fortepiano und erklärte, daß er, der sich zum
Lehrer anböte, jedenfalls die Pflicht habe, den Damen
einen Beweis seiner Fertigkeit zu geben, es sei daher
an ihm und nicht an Fräulein Rosa, etwas vorzu=
tragen. Rosa war zu wenig an solche zarte Rücksichten
gewöhnt, um gegen Maxdorf's Benehmen unempfindlich
zu sein. Sie warf ihm einen dankbaren Blick zu und
nahm leicht erröthend ihren Sitz wieder ein.

Maxdorf ließ seine Finger über die Tasten gleiten, das Instrument hatte einen wundervollen Ton und mit wahrem Künstlerentzücken machte er einige kühne Griffe und stimmte plötzlich das Lied „Die Fahnenwacht" an. Seine volle Tenorstimme paßte vortrefflich zu der Melodie und würde wohl ein kunstverständigeres Publikum entzückt haben. Herr Smith wiegte den Kopf und sagte: „Verry putty indeed!" Malte rief: „Famos!" Miß Anna faßte Rosa bei der Hand und trat mit ihr ans Piano. Der Ausdruck in den Gesichtern der beiden Mädchen war ein sehr verschiedener. Während Anna mehr überrascht als hingerissen schien, war Rosa ganz Entzücken. Sie ahnte von den Worten des Liedes nichts, aber dennoch verstand sie seine Bedeutung. Ihr Auge glühte vor Begeisterung, sie erhob wie drohend den Arm, sie öffnete die Lippen und zeigte zwei Reihen schneeweißer Perlen; — plötzlich lagerte sich tiefer Schmerz auf ihre Stirn, und zwei große Thränen stahlen sich aus ihren Augen. Maxdorf, dem der Eindruck nicht entging, den er auf die junge Indianerin machte, und dem Alles daran lag, daß dieser Eindruck kein vorübergehender sein möge, änderte schnell das Thema und spielte den Marsch aus der Norma. Dies war Rosa's Lieblingsmusik; sie hatte mit unglaublicher Mühe und Geduld den Marsch eingeübt; aber so schön, so herrlich

hatte sie ihn noch nie spielen hören. Das Entzücken
über die Fertigkeit Maxdorf's besiegte ihre Schüchtern=
heit, und sie drückte ihm ihre Bewunderung über sein
meisterhaftes Spiel aus.

Jetzt war es an Maxdorf, verlegen zu werden. Er
hatte wohl schon früher Lob geerndtet, von Künstlern,
Musikfreunden, ältlichen Damen und jungen Mädchen
— aber von einer Indianerin, und zwar einer gebil=
deten, wohlerzogenen, bezaubernd schönen Indianerin ge=
lobt zu werden, und dabei einem Augenpaar zu begeg=
nen, das vor Entzücken leuchtete, das war selbst ihm
zuviel. Schnell sprang er von seinem Stuhl auf und
bat die Damen, etwas vorzutragen.

Anna ließ sich sogleich bereit finden. Sie, die es
lächerlich fand, sich vor einem Manne zu geniren und
den Umgang mit jungen Männern nur als Einleitung
zu einem Compagniegeschäft — nämlich einer Heirath —
betrachtete; sie, die gewohnt war, künstlerische Leistungen
als brodlose Erbärmlichkeiten zu betrachten und einen
Europäer nur als ein Wesen anzusehen, das in jeder
Beziehung dem Eingeborenen Amerika's nachsteht, sie
dachte auch keinen Augenblick daran, wie wenig ihr
stümperhaftes Spiel geeignet sei, einen vollendeten Mei=
ster wie Maxdorf zu befriedigen. Ohne daher auch nur
im geringsten zu zaudern, setzte sie sich an das Instru=

ment und sang in näselndem Tone eine Hymne nach
der Melodie des Dessauer Marsches. Es war keine
Spur von Leben in dem jungen Mädchen. Die Finger
griffen instinktmäßig die Tasten, der Mund öffnete sich,
die Brust stieß die Töne aus — aber sie glich mehr einer
hölzernen Puppe, die durch ein verborgenes Triebwerk in
Bewegung gesetzt wurde, als einem lebendigen Wesen.

Maxdorf war indessen artig genug, ihren Vortrag
zu loben, die Hymne schön, die Melodie neu und erhaben
zu finden. Sie nahm dieses Lob ohne Erröthen an und
erwiderte: „Es ist ein schönes Stück Musik," ungefähr
wie ihr Herr Vater einem Kunden ein Stück Biele-
felder Leinwand empfohlen haben würde.

Herr Smith feierte im Stillen einen großen Triumph.
Seine Tochter hatte den deutschen Musiklehrer über-
troffen — denn ihr Dessauer war doch bei weitem
schöner, als der Marsch aus der Norma —, und ihre
Hymne war so leicht verständlich, so hübsch einschläfernd,
daß das dumme deutsche Lied — welches ohnehin kein
vernünftiger Mensch verstand — sich gar nicht damit
vergleichen ließ. Trotzdem, daß er fest überzeugt war,
daß Anna dem Herrn Maxdorf Unterricht ertheilen könne,
fand er es doch aus zwei Rücksichten richtig, Maxdorf als Lehrer zu engagiren. Erstens war es nobel
und modern, Musiklehrer zu halten; jeder reiche Mann,

der es „efforden" konnte, einen Dollar für die Stunde
zu zahlen, war es seinem guten Rufe eigentlich schuldig,
Lehrer zu „halten." Dieser Grund wäre wohl allein hin=
reichend gewesen, Smith zu bestimmen; wir dürfen aber
nicht übersehen, daß Malte, der liebe Malte, der seinem
Herzen so nahe stand, Maxdorf eingeführt hatte, und es
wäre ja thöricht gewesen, den lieben Hausfreund zu ver=
letzen, und seinen Schützling nicht „in Dienst zu nehmen."

Während diese und ähnliche Gedanken Herrn Smith
beschäftigten, hatte Maxdorf ein Gespräch mit den beiden
jungen Mädchen angeknüpft, in dem er sich zu Malte's
nicht geringem Erstaunen der englischen Sprache voll=
kommen mächtig zeigte. Er wußte durch die plattesten
und derbsten Schmeicheleien der Miß Anna zu gefallen;
zeigte aber durch ernste und gewählte Worte, die er an
Rosa richtete, daß er wohl zu unterscheiden wisse, mit
wem er spräche. Anna sah in den artigen Fragen und
Antworten, die Maxdorf an die junge Indianerin richtete,
nur eine Art von Gnadenbrod, das er ihr dann und
wann zuwarf, schwelgte daher doppelt im Genuß der
groben Schmeicheleien, mit welcher er sie überhäufte.

Das Gespräch drehte sich um Musik, Politik, Ge=
schäfte und Hoops (Reifröcke). Miß Anna wünschte
zu wissen, ob es in Deutschland auch Ladies gebe. Als
Maxdorf dies bejahete, brach Anna in ein Gelächter

aus und wünschte eine „dutch lady" zu sehen. Miß
Anna erkundigte sich, ob Europa nicht bald ausgehungert
sein würde, und fragte, ob die Deutschen nicht vor
einem Einfall der Amerikaner zitterten? Sie wünschte
zu erfahren, ob die „dutch ladies" Hoops trügen, oder
ob sie sich auch à la lightningrod („Blitzableiter")
kleideten. Sie fragte, ob es in „dutchland" Schulen
gäbe, und ob die Instrumente aus Amerika importirt
würden, sie interessirte sich für den Handel Europa's
und meinte, daß die Yankees bald das ganze Geschäft
in Händen haben würden.

Maxdorf antwortete ihr, daß die Damen Europa's
nicht so schön wären, wie die Amerikanerinnen — er
blickte dabei Rosa an, — daß sie allerdings Reifröcke
trügen, aber zu albern wären, um mit jungen Männern
darüber zu sprechen; daß ihnen überhaupt noch sehr
vieles fehle, um den liebenswürdigen ungenirten Amerikanerinnen zur Seite gestellt werden zu können. Er be-
dauerte sagen zu müssen, daß die Deutschen verblendet
genug wären, sich vor Amerika nicht zu fürchten, und
daß sie bisher noch nicht durch Hungersnoth zum Aus-
wandern getrieben worden seien. Er fühle sich aber
unendlich glücklich, dem Sklavenleben Lebewohl gesagt
und hier in der großen ruhmreichen Republik die vortrefflichen Institutionen kennen gelernt zu haben, unter

denen die amerikanischen Bürger zu Gottmenschen heran=
anwüchsen. Was aber die Musik anlange, so getraue er
sich zu behaupten, daß in dem ganzen großen Deutschland
keine einzige Dame aufzufinden sei, die mit so liebens=
würdiger Zuversicht die schöne Hymne vortragen könne,
welche er eben so glücklich gewesen sei, von der schönen
Miß Anna zu hören.

„Die Hymne ist prachtvoll,“ fiel Herr Smith ein,
„echt amerikanisch und erbaulich. Hat mir einen
hübschen Dollar gekostet, der Musikunterricht — kommt
mir aber nicht darauf an, das Geschäft geht gut und
man muß der Welt ihren Lauf lassen. Sie sind
Musiklehrer, Herr Maxdorf? Sind Ihre Stunden
schon alle besetzt?“

„Nein, nicht alle, habe des Vormittags von 11 bis
1 Uhr frei.“

„Um so besser. Wird mich freuen, wenn Sie den
Ladies täglich eine Stunde geben wollen, zahle einen
Dollar für die Stunde, macht sechs und zwanzig
Dollars im Monat — I dont care — welche Stunde
ist Euch am gelegensten, liebe Kinder?“

„Ich rechne, daß es uns um zwölf Uhr am
besten paßt — nicht, Rosa? Um zwölf Uhr, Herr
Maxdorf. Bringen Sie den Herrn Malte aber recht
oft mit, — nicht wahr, Herr Malte, Sie begleiten

Ihren Freund bisweilen, damit Sie mir die Zeit ver=
treiben helfen, während Rosa spielt?"

Maxdorf drückte seinen Dank aus, während Malte
sichtbar vor dem Gedanken zurückbebte, Anna zu unter=
halten; er hätte viel lieber Rosa die Langeweile ver=
trieben, während Miß Anna ihre Hymnen ableierte.

„Ich habe noch nicht Ihre Einwilligung, Fräulein
Rosa," sprach Maxdorf zu der jungen Indianerin ge=
wendet. „Darf ich hoffen, daß auch Sie mich würdig
finden werden, Ihr Lehrmeister zu sein?"

Rosa wagte es kaum, ihre Augen aufzuschlagen,
antwortete aber mit sichtlichem Vergnügen, daß es ihr
lieb sein würde, wenn Herr Maxdorf ihr einen Theil
seiner Zeit widmen wolle.

„Famos," platzte Malte heraus.

„Was finden Sie famos, Herr Malte?" fragte
Miß Anna, indem sie den erschrockenen jungen Mann
von oben bis unten maß.

„Die Aussicht, Sie unterhalten zu dürfen — was
sonst," sprach Maxdorf schnell. „Ja, die Aussicht,"
bekräftigte Malte, dem die Ohren glühten.

In diesem Augenblicke trat Sally herein und mel=
dete Miß Bighead und Miß Turntail.

Maxdorf und Malte traten bescheiden zurück, die
beiden Misses schwebten langsamen Schrittes ins Zim=

mer, grüßten mit ernster Freundlichkeit Herrn Smith
und seine Damen. Herr Smith stellte seine beiden
Gäste vor: Mr. Maxdorf — Miß Turntail; Mr. Max=
dorf — Miß Bighead; Mr. Malte — Miß Turntail;
Mr. Malte — Miß Bighead. Mr. Maxpot — Mr.
Malte, wiederholten die Damen lispelnd, ohne die
Augen aufzuschlagen.

„Wie gehts Ihnen, Herr Smith?" fragte Miß
Bighead.

„O, wie geht es Ihnen, Miß Bighead?" fragte
Herr Smith.

„Sind Sie wohl?" fragte Miß Turntail.

„War niemals wohler. Gelobt sei der Herr —
sind Sie wohl, Miß Turntail?"

„Wie geht es, liebe Anna, wie haben Sie es, Rosa?"
fragten Misses Turntail und Bighead wie aus einem
Munde.

Rosa lächelte freundlich und Miß Anna übernahm
es, den Damen die Versicherung zu geben, daß sie sich
beide wohl befänden.

„Ich bin so dankbar," lispelte Miß Turntail.

„Gelobt sei der Herr," wimmerte Miß Bighead.

Eine Pause trat ein. Miß Anna musterte den
eleganten Sammetkragen mit Brüsseler Spitzen besetzt,
den Miß Turntail übergeworfen hatte, und staunte das

6*

kornblaue seidene Kleid der Miß Bighead an, welches
sich über den enormen Reifrock wölbte und in einer
langen Schleppe endete. Die Damen drehten sich zu=
fällig so, daß Miß Anna ihren Anzug ungestört
mustern konnte, und lorgnettirten währenddessen Rosa,
die wieder an ihrer Stickerei saß, und an der „Unter=
haltung" keinen Theil nahm.

Maxdorf näherte sich ihr, bewunderte die schönen
Rosen und Tulpen, die aus der Stickerei hervortraten,
und konnte es nicht unterlassen zu sagen: „Sie sind
eine große Künstlerin, Fräulein Rosa; wenn Sie auf
dem Fortepiano dieselbe Fertigkeit besitzen, wie am
Stickrahmen, dann wird meine schöne Hoffnung, Sie
unterrichten zu können, leider nicht in Erfüllung gehen."

„Macht es Ihnen Freude, zu spotten?" erwiderte
Rosa, indem sie ihr schönes Gesicht zu einem weh=
müthigen Lächeln zwang.

„Ich spotten?" sagte Maxdorf sichtlich bewegt —
„Ihrer spotten? Nein, mein Fräulein, ich zolle Ihrem
Geschmack und Ihrer Geschicklichkeit volle Anerkennung;
über Ihre Leistungen auf dem Piano habe ich noch
kein Urtheil, und ich weiß nur durch meinen Freund
Malte, daß Sie vorzüglich spielen."

Rosa erröthete, machte einen Fehlstich um den

andern, und wider Willen sah Maxdorf sich gezwungen, das Gespräch abzubrechen.

Die Fräuleins Bighead und Turntail hatten inzwischen von Miß Anna erfahren, wer und was Maxdorf sei, sie hatten ihn beobachtet, während er hinter Rosa's Stuhl stand und sein männlich schönes Haupt vornüber beugte, um die Stickerei deutlicher sehen zu können, und waren beide zu der Ueberzeugung gekommen, daß er ein sehr interessanter Mann sei.

Miß Anna, die froh war, einen Vorwand zu finden, unter dem sie Maxdorf aus Rosa's Nähe rufen konnte, lud ihn ein, den Damen etwas vorzuspielen — to give the ladies a tone; — die Ladies waren „so fond of music, they did like it so very much indeed,“ daß er nicht umhin konnte, sich noch einmal ans Piano zu setzen. Da er überzeugt war, daß die Damen keine Idee von der Schönheit einer Melodie hatten, trug er das weltberühmte Lied: „O du lieber Augustin“ vor, und machte sich noch das Vergnügen, hin und wieder einen falschen Ton zu greifen. „How putti! wie schön!“ riefen Miß Turntail und Miß Bighead. „O wonder! Spielen Sie das Stück, bitte, noch einmal! Es ist so schön, in't it, Anna?“ — Maxdorf verwünschte seine Situation, spielte aber den lieben Augustin und sang ein Lied, das im entferntesten nicht zu der Melodie paßte. „Good good, how beautiful,“ riefen die Kunstrichterinnen, und wäre Maxdorf nicht rasch vom Sessel aufgesprungen, so würde er wahrscheinlich zum dritten Male seine ohrenzerreißende Production haben wiederholen müssen.

Miß Bighead war eben so außer sich, wie Miß Turntail. So schöne Musik, solch ein „Kunststück“ hatten sie noch nie gehört, sie mußten auch Stunden nehmen; Herr Mixpott mußte ihnen versprechen, Sie zu unterrichten.

Maxdorf verbeugte sich und sagte, er werde sich glücklich schätzen, wenn die Damen ihn als Lehrer annehmen wollten.

„Wie viel nehmen Sie für die Stunde?“ fragte Miß Turntail.

„Einen Dollar,“ antwortete Maxdorf.

Miß Turntail sah Miß Bighead an, Miß Bighead warf Miß Turntail einen Blick zu, sie hielten ihre Taschentücher vor den Mund, versuchten ein reizendes Lächeln zu unterdrücken, traten aber ans Fenster und lachten recht herzlich.

„Sweet little things,“ „süße kleine Dinger,“ flötete Herr Smith.

„Kleine Engelsköpfe,“ plauderte Anna.

„Meerkatzen,“ murmelte Maxdorf.

„Sie entschuldigen," sagte Miß Turntail, „es kommt
uns aber gar zu lächerlich vor, daß Sie uns für einen
Dollar — ha! ha! ha! für einen Dollar unterrichten
wollen! das bezahlt man ja einem Orgeldreher — o dear
me! nein, wenn Sie für einen Dollar unterrichten,
dann danken wir. Kommen Sie, Miß Bighead, Good
morning, Sir — it tickels me to death — es kitzelt
mich zu Tode — einen Dollar — ha! ha! ha!"

„Etwas zu aristokratisch, die beiden Damen," sagte
Smith, als die beiden Engel sich verabschiedet hatten.

Sie müssen sich an unsere aristokratischen Sitten
gewöhnen, Herr Maxdorf und auch Sie, Herr Malte.
Wir sind der Stolz des Universums, wie Sie wissen,
wir sind ein Volk von Souverainen und unsere Damen
sind Kaiserinnen. Sie werden in Europa keine Ari=
stokratie kennen gelernt haben, denn Sie haben dort nichts
als Fürsten und Sklaven; aber hier unter dem Rauschen
des sternengeschmückten Banners der glorreichen Union
haben wir Aristokraten von reinstem Wasser."

„Also giebt es auch hier Aristokraten?" fragte
Maxdorf — „ich glaubte, daß in Amerika alle Menschen
gleich wären."

„Gleich? was nennen Sie gleich? Wollen Sie
sich auf eine und dieselbe Stufe stellen mit dem Manne,
der Millionen commandirt? ha? Nehmen Sie zum

Beispiel die Familien der beiden Damen, die uns eben
verließen. Wissen Sie, wer Miß Turntail ist, kennen
Sie ihre Familie?"

„Leider muß ich bekennen, daß ich nicht das Glück
habe."

„Nun sehen Sie! die Turntails sind ursprünglich
Engländer und stammen von den Earls of Cornwallis
ab. Der Großvater der reizenden jungen Dame, die
vor wenig Augenblicken dies bescheidene Stübchen mit
ihrer Gegenwart beehrte, wanderte hierher aus und fing
eine Blaufärberei an. Seine Fabrik brannte jährlich
einmal ab, er machte dreimal Bankerott, und trotz dem
hinterließ der Mann anderthalb Millionen. Sein Sohn
Napoleon Cromwell P. Turntail setzte das Geschäft
fort, und ist der Vater dieses hocharistokratischen Fräuleins. O, wir haben Aristokraten hier!"

„Und die Bigheads? Wer sind die Bigheads?"
fragte Maxdorf.

„Ebenfalls ein Englisches Geschlecht, stammen von
den Dukes of Potatoe ab, und betreiben hier eine Schweine-
schlachterei. Schlachten jährlich dreimal hunderttausend
Schweine und besitzen enorme Summen!"

„Brennen wohl auch gelegentlich ab?" fragte Malte,
der sich vor Verwunderung nicht zu lassen wußte.

Smith staunte über die weise Frage seines Lieblings, legte eine Hand auf seinen Rücken und sagte: „Smart young man — pfiffiger junger Mann!"

Maxdorf mußte eingestehen, daß Amerika mit einer eigenthümlichen Aristokratie gesegnet sei und verfehlte nicht, Herrn Smith seine Bewunderung auszudrücken.

Der fromme Mann fühlte sich durch das Lob, welches der gebildete Deutsche in so reichem Maße spendete, in hohem Grade befriedigt und wollte die Gelegenheit nicht unbenutzt vorübergehen lassen, den ganzen Werth der Aristokratie ins gehörige Licht zu stellen. „Da haben wir," sagte er, „einen Künstler ersten Ranges, vor dem „Thorwalzer" sich verkriechen muß. Dieses Licht des Universums hat den unsterblichen Vater des Menschengeschlechtes, George Washington, dargestellt, wie er seine neue Uniform anhat und geradeaus sieht. Sie sollten das Kunstwerk sehen! Versäumen Sie ja nicht, hinzugehen, bevor es verkauft wird; ich glaube die Auktion findet am nächsten Montag statt." *)

„Wie?" rief Maxdorf, „Sie verkaufen hier Ihren Washington auf Auktion? das ist doch etwas gar zu aristokratisch."

---

*) Die Auktion fand im Januar 1861 statt. Die Stadt Saint Louis hatte die Statue bestellt, konnte aber 5000 Dollars nicht aufbringen, und die Statue wurde für 3000 Dollars auf Auktion verkauft.

„Mag Ihnen so erscheinen, junger Freund, denn Sie liegen noch in den Banden des europäischen Vorurtheils; wir aber, die wir freier sind als die Stürme in der Luft, wir verkaufen Alles, machen Geld wo und wie wir können, bringen unsere Kinder sogar auf die Ausstellung und lassen uns eine Prämie zahlen für das beste Exemplar."

„Sie verkaufen Ihre Kinder doch nicht?"

„Die weißen nicht, aber die dunkeln," antwortete Smith. Er mußte über diesen Witz selbst laut auflachen, und ging einige Male im Zimmer auf und ab, um seine Feiertagsmiene wieder zu gewinnen. Als es ihm gelungen war, das Gesicht in die alten ernsten Falten zurückzuzwängen, nahm er eine kleine Brochüre und übergab sie Maxdorf mit den Worten: „Sie finden in dieser vortrefflichen kleinen Schrift unsers Reverend Bruders Hezekiel Clayborn T. Fenton eine Abhandlung über die Wirksamkeit des Gebetes nebst einer kurzen naturgeschichtlichen Untersuchung der Wollköpfe. Der Bruder Fenton hat darin ein Wissen und eine Gottesfurcht an den Tag gelegt, vor der die Europäischen Gelehrten und Geistlichen in den Staub sinken werden; namentlich ist es ihm gelungen, die Frage definitiv zu lösen, ob die Neger oder Wollköpfe Menschen oder Thiere sind, und Sie werden zu Ihrer großen Be-

friedigung ſehen, daß er aus der Bibel bewieſen hat,
daß das hebräiſche Wort „Melach" ein ſchwarzes Thier
mit Menſchengeſtalt bedeutet, woraus klar hervorgeht,
daß der Neger ein Thier iſt, und daß die „unfreiwillige
Dienſtbarkeit" der Neger eine, von Jehovah gebotene
Inſtitution iſt."

Maxdorf ſprach Herrn Smith über dieſes werth=
volle Buch ſeinen aufrichtigen Dank aus und erbat ſich
die Erlaubniß, es ins Deutſche überſetzen zu dürfen.
Als ihm dieſe ertheilt war, entfernte er ſich mit Malte
und war ſich bewußt, das Vertrauen des Weißleinen=
händlers und ſeiner Tochter erworben zu haben. Auf
der Vordiele begegnete er Sally, die ihm durch ein
ſchlaues Lächeln zu verſtehen gab, daß ſie ihn als
Bundesgenoſſen betrachte. Da ſie aber kein Zeichen
machte, eilte er, von Malte gefolgt, die Treppe hinab.

# VI.

Wir müssen den Leser bitten, uns in die dritte
Straße zu folgen, jene enge, schmutzige und winkelige
Straße, welche mehr als irgend eine andere an die
ersten Bewohner von Saint Louis, die Franzosen, er-
innert. Während die anderen Straßen dieser jungen
und rasch aufblühenden Stadt breit, gerade und mit
schönen, ja zum Theil prachtvollen Häusern geziert sind,
findet man in der dritten Straße noch eine große
Menge alterthümlicher Baracken, die aus Fachwerk er-
richtet und mit einem gebrochenen Dache bedeckt sind.
Schmutz und Laster scheinen sich in diese Gebäude ein-
gebürgert zu haben, die zum Theil höher, zum Theil
niedriger stehen, als das Trottoir, und dadurch, daß
sie nicht dicht aneinander stoßen, sondern oft durch Pfützen
und Gruben von einander getrennt sind, dem Gesindel
willkommene Schlupfwinkel bieten.

In einem dem Einsturze geweihten Hause dieser

Straße, das nur aus einer einzigen Stube und einer
Küche besteht, die wie ein Schwalbennest hinten an das
Haus angebaut ist, schreitet ein Mann rastlos auf und
ab. Er zählt die Schläge der Thurmuhr und flucht:
„Noch nicht sieben! Nichts ärgerlicher als warten. Wo
der alte Sünder wohl bleiben mag — ob er wieder
betet, der Hund? Will ihm das Augenverdrehen vertrei=
ben, Gott verdamme seine Seele! Will mich abspeisen
— ha? abspeisen mit lumpigen hundert Dollars, die
er mir hinwirft, wie man einem Hunde einen abgenagten
Knochen zuschleudert? Warte, alter Fuchs! — Möchtest
Compagnon werden und dem Dutchman das Vermögen
aus den Fingern locken? — Horch! die Uhr schlägt.
— Sieben!“

Es wurde leise an die Thür gepocht; Harrison —
denn als solcher wird der Leser den Mann schon er=
kannt haben — öffnete vorsichtig das Schloß und sagte:
„Eins! — vier!“

„Drei! — neun!“ antwortete eine Stimme und
schnell flog die Thür auf und hinein trat niemand an=
ders als der fromme Herr Smith.

„Friede sei mit diesem Hause! der Herr segne den
Ausgang und den Eingang!“ hub der fromme Mann
an. „Wie geht's, Bruder Harrison?“

„Nenne mich nicht Bruder, Du Hund!“ sprach

Harrison. „Gott verdamme mich, Kerl, ich stoße Dir das Messer bis ans Heft in die Rippen, wenn Du mich wieder Bruder nennst."

„Mäßige Deine Sprache, mein Freund."

„Nenne mich auch nicht Freund, Du gleisnerischer Schurke."

„Wahrlich, Harrison, Du sprichst in Ausdrücken —, ich bin ein Mann des Friedens und des Friedens willen bin ich hergekommen in dieses —"

„Dieses? Nun, sprich aus! Dieses Räubernest willst Du sagen? Jawohl, Du bist in einem Räuberneste; ich bin der Räuberhauptmann und Du bist mein Ge= fangener."

„Sprich nicht so, Harrison, Dein Herz ist voll fleisch= licher Gedanken."

„Näsele mir Deinen höllischen Unsinn nicht vor, Mensch, oder ich reiße Dir die verdammte Zunge aus dem Halse. Es könnte einen Heiligen in Harnisch bringen, Dich Erzheuchler so sprechen zu hören; sprich und rede wie ein Mensch und schlechter Kerl, etwas Anderes bist Du ja doch nicht. Hast Du Geld mitge= bracht?"

„Hänge nicht so am Mammon, Harrison, am sündhaften Mammon."

„Hast Du Geld mitgebracht? fräge ich. Weißt

Du nicht, was Geld ist? Keine von Deinen falschen
Banknoten meine ich, nein, davon habe ich Gott sei
Dank noch ein hübsches Päckchen — aber festes, rundes
gelbes Geld! Wieviel hast Du mitgebracht?"

„Zwanzig Dollars."

„Zwanzig Dollars? Ist das Alles? Du treibst
ein gefährliches Spiel mit mir, Smith, ein verdammt
gefährliches Spiel. Was glaubst Du denn eigentlich?
He? Während Du in Saus und Braus lebst und
Geld auf Geld häufst, muß ich von Deinen Almosen
leben. Glaubst Du denn, daß ich willens bin, dieß
Spiel länger fortzusetzen?"

„Wir haben ehrlich getheilt, als wir das Geschäft
aufgaben," sagte Smith mit zitternder Stimme — „und
wenn der Herr meine Sünden vergeben und mein Haus
gesegnet hat, so sollte Dir das ein Sporn sein, eben=
falls die Gnade des Herrn anzurufen und den Weg
des Gerechten zu wandeln."

„Wir haben getheilt, sagst Du? Doch nicht ganz.
Du vergißt, daß ich eine kleine Brieftasche voll Bank=
noten behielt, die ich nicht ausgeben konnte, und daß
die Platten und Werkzeuge ebenfalls in meinen Händen
sind."

Smith seufzte tief auf, denn er wußte wohl, daß
sein Peiniger die vollgültigsten Beweise gegen ihn besaß.

„Ja, seufze nur, Du Schurke und sei verdammt," fuhr Harrison fort. „Du machtest die Banknoten und ich wechselte sie für Dich aus. Konnte ich wissen, daß sie falsch waren? Kannst Du mir beweisen, daß ich darum wußte? Sah ich Dich jemals arbeiten? Hast Du Zeugen gegen mich? Rufe doch Deine Heiligen an, und versuche es, ob sie Dir nicht einen Engel schicken werden, der gegen mich zeugt!"

„Versündige Dich nicht, Harrison; spotte nicht mit dem Heiligsten."

„Spotte nicht mit mir — das ist ein besserer Rath, mein Junge; laß den Unsinn unterwegs und sage mir in dürren, glatten und hübschen Worten: „Willst Du Deine Noten und Werkzeuge einlösen?"

„Was forderst Du dafür? — Du weißt, ich bin ein Handelsmann, und wo ich ein gutes Geschäft machen kann, da halte ich es für erlaubt."

Smith sprach diese Worte mit einem süßen Lächeln, vielleicht in der Absicht, seinen Dränger dadurch zu mildern Forderungen zu bewegen; er mußte aber leider die bittere Erfahrung machen, daß Harrison sein Inneres klar durchschaute, und daß sein süßes, freundliches Gesicht ihm eher zum Nachtheil als zum Vortheil gereichte.

„Lächelst Du?" sagte Harrison. „Willst Du mich weich stimmen durch ein freundliches Gesicht? Glaubst

Du, daß ich ein blöder Thor bin, ein Narr, mit dem
Du Katze und Maus spielen kannst? Nimm Dich vor
mir in Acht, Smith — ich weiß ohnehin nicht, was
mir mehr Freude machen würde, Dein Geld zu bekommen, oder Dir den Judashals abzudrehen — Du
Hund!"

„Ich lächle ja gar nicht," erwiderte Smith, „sage,
was Du für die unseligen Beweise haben willst, die
Du gegen mich in Händen hast, und wenn es mir
möglich ist, so will ich mir die Ruhe erkaufen, deren ich
so sehr bedarf."

„Glaube Dir's," sagte Harrison mit einem verächtlichen Lächeln. „Nun, ich will billig sein. Ich
habe, wie Du weißt, zehntausend Dollars von Deiner
Firma in Händen; Du hast zwar die Namen darauf
gefälscht, aber das thut nichts zur Sache, also zehntausend Dollars. Fünf Jahre lang habe ich diese
Summe aufbewahrt, ohne sie verwerthen zu können,
ohne Zinsen zu beziehen — ich dächte also, daß zwanzigtausend Dollars in Gold — hörst Du, in Gold —
keine übertriebene Forderung wäre..."

„Es würde mich ruiniren," rief Smith in höchster
Aufregung. „Sei vernünftig, Harrison, fordere nicht
mehr, als ich geben kann. Lieber will ich meine Strafe
im Zuchthause absitzen — der Gouverneur ist mein

Better und würde mich bald begnadigen; lieber Alles, als zwanzigtausend Dollars."

Harrison weidete sich an der Angst seines Opfers und fragte mit einem satanischen Lächeln: „Steht auf Raubmord nicht der Strick? Wie ist mir denn — es kommt mir so vor, als ob vor acht Jahren ein gewisser Lewis im Mississippi ertrank? Du hast ein besseres Gedächtniß in solchen Dingen, als ich — war sein Name nicht Lewis?"

Die Erwähnung dieses Namens machte auf den frommen Mann einen merkwürdigen Eindruck. Einen Augenblick starrte er Harrison mit dem Ausdruck tödtlichen Hasses an, dann aber, von einer plötzlichen Wuth ergriffen, stürzte er sich auf seinen Peiniger und führte mit einem Bowiemesser einen Stich nach seiner Seite, der tödtlich hätte sein können, wenn Harrison nicht durch eine rasche Bewegung ausgewichen wäre. Schnell wie ein Panther warf er sich auf Smith und mit einem glücklichen Griff entwand er ihm die Waffe.

„Der Stoß war gut, Smith; ich danke Dir für Deine Güte und hoffe daß Du mir erlauben wirst, den Preis für Deine Banknoten zu verdoppeln. Das würde die hübsche Summe von vierzig Tausend machen und Dir noch zehn Tausend übrig lassen aus dem Raube, den Du gegen den Dutchman vorhast. Genire Dich nur nicht, Smith, Du siehst, daß ich so ziemlich wohl unterrichtet bin."

Smith sah sich vollkommen in der Gewalt Harrisons, und mußte nur darauf denken, möglichst billige Bedingungen zu bekommen, und vor Allem darauf zu bestehen, daß Harrison alle Beweise in seine Hände überlieferte, damit er nicht nach Jahren, wenn die erpreßte Summe verjubelt und verspielt wäre, eine neue Brandschatzung ihm auferlegen könne. Indem er daher eine trotzige Miene annahm, sagte er:

„Ich handle nicht um die Noten, wenn Du die Presse und Zubehör nicht mit eingehen läßt. Meinst Du, ich sei Thor genug, länger in Deiner Gewalt zu bleiben? Treibst Du mich zur Verzweiflung, so übergebe ich mich selbst den Gerichten und Dir bleibt das leere Nachsehen; benutzest Du den Vortheil, den der Zufall in Deine Hände gespielt, und nimmst Du mir das Leben, so ist Deine Aussicht auf Beute ebenfalls verloren — es liegt Dir also ebensowohl wie mir daran, daß wir die Sache ein für allemal schlichten. Sprich daher in kurzen Worten, was Du für Presse, Platten und die Banknoten forderst, und ich will Dir sagen, ob ich Deinen Vorschlag annehmen kann oder nicht."

„Jetzt gefällst Du mir, Smith, das nenne ich wie ein rechtschaffener Halunke gesprochen — es nützt Dir

7 *

freilich nichts, denn ich weiß recht wohl, wie ich Dich zu packen habe — indeſſen wir wollen der Sache ein Ende machen, damit ich Dein Armſündergeſicht nicht mehr zu ſehen bekomme. Ich verlange alſo für die Banknoten vierzigtauſend Dollars und für die Preſſe und Platten die Sally — ich ſchlage das Mädchen auf zwölfhundert an, und die Indianerin. Das iſt billig, Smith, und Du kannſt dagegen nichts einwenden. Ich heirathe die Roſa, nehme Sally als Dienſtboten mit, Du giebſt uns eine Ausſteuer von vierzigtauſend Dollars — ich will es meinetwegen in die Zeitungen ſetzen, damit die Leute erfahren, welch nobler reicher Kauz Du biſt — und die Geſchichte iſt dann ein für allemal todt und ab."

„Die Sally magſt Du nehmen," ſagte Smith, „auch die vierzigtauſend will ich zahlen, aber die Indianerin kann ich Dir nicht verkuppeln."

„Dann behalte ich die Platten."

„Nimm doch Vernunft an," ſtöhnte Smith. „Mein Plan war und iſt noch jetzt, daß Roſa meinen Clerk — denſelben, der das Vermögen geerbt hat, heirathen ſoll; ich gebe ihm das Mädchen unter der Bedingung, daß er mein Partner wird, und habe ich erſt ſein Geld in Händen, ſo läßt ſich leicht ein falſcher Bankerott machen, denn der Menſch iſt dumm wie ein Eſel."

„Dem Menschen willst Du die Indianerin geben? Dem elenden Dutchman? Smith, nimm Dich in Acht.“

„So sei doch vernünftig! Woher soll ich denn das Geld nehmen, wenn ich es nicht von dem Dutchman bekomme, und daß er, der das Mädchen anstarrt, als ob es außer ihr kein hübsches junges Ding auf der weiten Welt gäbe, ihr entsagen und doch mein Partner werden wird? Für so dumm halte ich ihn nicht, und ich wage es nicht, einen Versuch zu machen, dessen Mißlingen verderblich werden könnte.“

„Bist Du des Mädchens sicher?“ fragte Harrison mit einem lauernden Blicke. „Wirst Du sie bewegen können, den Dutchman zu nehmen?“

Smith lächelte, indem er antwortete: „Ich dächte, wir hätten schon Schwierigeres vollbracht — das macht mir keine Sorge — nur handelt es sich darum, ob Du mir für die Summe „von vierzigtausend Dollars und Sally“ alle Beweise ausliefern willst, die Du gegen mich in Händen hast. Wenn Du dazu entschlossen bist, so hilf mir, die Heirath zwischen Rosa und dem Dutchman zu Stande zu bringen, damit ich sein Geld bekomme und Dich abkaufen kann. Dies ist der einzige Weg, den ich offen sehe; weißt Du einen anderen, so nenne ihn.“

„Ist es denn nöthig, daß er gerade die Rosa hei-

rathet?" warf Harrison ein. „Gieb ihm doch Dein
eigen Fleisch und Bein und überlaß mir die Indianerin.
Ich bin dem Mädchen zugethan und kann mich nicht
entschließen, sie fahren zu lassen. Laß den Dutchman
daher Deine Anna heirathen — Du bist sie dann auf
eine gute Manier los, das süße Kätzchen, und uns Allen
ist geholfen."

„Meine Tochter," rief Smith entrüstet, „meine
eigene leibliche Tochter an einen Dutchman verheirathen, um sie nachher beide zu bestehlen? Der
Plan schmeckt denn doch ein wenig gar zu sehr nach
der Hölle — nein, Harrison, dazu werde ich unter keinen
Umständen mich bereit finden lassen. Was recht ist,
will ich thun — aber mein eigen Kind —"

„Wäre es das erste? und was ist denn Sally?
Ist Sally nicht auch die Tochter meines frommen
Bruders? Schwärme nur nicht, Smith — es steht
Dir verflucht schlecht an. Was ist denn an dem Dutchman auch so Schlimmes? Er soll ein gutmüthiger
Mensch sein, wird sich von Deiner liebenswürdigen
Tochter das Leben sauer machen lassen — wer weiß,
ob die beiden jungen Leute sich nicht gegenseitig glücklich machen werden. Es geht nichts über eine glückliche Ehe, Smith — Du mußt das ja selbst aus Erfahrung wissen — und was die Vermischung Deines

Blutes mit dem Teutonischen anbelangt, so weißt Du
ja selbst am besten, daß die Race dadurch veredelt
wird, denn Sally überragt an Schönheit Dein legiti=
mes Töchterchen wirklich um mehre Prozente."

„Ich wüßte noch einen Ausweg, Harrison; und
wenn ich ihn recht überlege, so wäre er vielleicht der
beste von allen."

„Ich bin begierig," erwiderte Harrison.

„Wie wäre es, wenn Du meine Tochter heirathe=
test? Anna hat von ihrer Mutter ein schönes Land=
gut in Pennsylvanien geerbt, sie ist ein wohlerzogenes
Mädchen, nimmt jetzt Musikunterricht, Du ließest die
Geldsumme im Geschäfte stehen, und wenn ich einmal
die Augen schließe, dann hinterlasse ich Euch das Vermögen."

„Und Rosa?"

„Rosa nimmt den Dutchman —"

Hier sprang Harrison von der hölzernen Bank, auf
der er sich niedergelassen hatte, packte den erstaunten
und zu Tode erschrockenen Smith bei der Brust und
rief in höchster Aufregung: „Deine Tochter soll ich
heirathen? Mein Geld in Deinen Klauen lassen?
Lieber nähme ich des Teufels Großmutter, als Deinen
scheinheiligen Wechselbalg. Daß Du Dich aber unter=
stehst mir, mir, John Harrison, einen solchen Antrag zu
machen, das ist es, was mich mit Erstaunen erfüllt."

Bei den letzten Worten schüttelte er Smith heftig hin
und her und beehrte ihn noch mit einem scheußlichen Fluche.

„Es war ja nur ein Vorschlag," sagte Smith, der
an allen Gliedern zitterte; „wenn er Dir nicht genehm
ist, so bin ich weit davon entfernt, darauf zu bestehen,
daß Du mein Schwiegersohn wirst. Nein, Harrison,
nein! Sei ruhig, Harrison, und laß uns die Sache
in Güte abmachen. Ich will morgen mit dem jungen
Mann sprechen, will sehen, was sich thun läßt, und
wenn er — wie ich sicher hoffe — auf meinen Vorschlag
eingeht, so bin ich seines Geldes sicher und kaufe Dir
Deine Reliquien ab. Willst Du dann Rosa entführen
aus den Armen ihres teutonischen Gemahls, so ist das
Deine Sache — und jedenfalls eine Affaire, mit der
ich nichts zu thun haben will."

„Die Sache ließe sich hören," murmelte Harrison.
„Du verheirathest ihm die Indianerin früh am Mor=
gen und richtest es so ein, daß er Dir gleich nach der
Trauung das Geld einhändigt. Während er mit Dir
das Geschäft abmacht, könnte ich dann — halt, wie
wäre es, wenn ich? — Ja, das ginge."

„Wir wären demnach einig?" fragte Smith mit
einem tiefen Seufzer.

„So weit wie unser Geschäft in Betracht kommt,
ja!" antwortete Harrison.

„Du läſſeſt mir Zeit, die Vorbereitungen zu treffen, und ſagſt mir, wo ich Dich inzwiſchen finden kann. Wo wirſt Du Dich jeden Abend um dieſe Zeit auf= halten?"

„Wetter und kein Ende, Kerl! glaubſt Du denn wirklich, daß ich Dir noch auf die Leine gehen werde? Was kümmert es Dich, wo ich mich aufhalte? he? Möchteſt wohl wieder die Fiſche im Miſſiſſippi füttern? — Nein, alter Freund, wir verſtehen uns Gottlob auf der= gleichen Dinge! Ganz anders klingt es, wenn ich Dich auf heute über acht Tage beſtellen laſſe. Werde Dir ſchon einen Boten ſchicken, der Dich zu mir führt und draußen vor der Thür Wache hält — ſei unbeſorgt, mein tugendhafter Freund, Du haſt in mir einen gelehrigen Schüler ge= habt. Doch — es iſt ſchon ſpät, gieb her an baarem Gelde, was Du haſt, ich werde mir morgen die Frei= heit nehmen, bei Dir vorzuſprechen, um etwas Taſchen= geld zu holen — und nun lebe wohl, oder vielmehr packe Dich zur Thür hinaus."

Smith reichte Harriſon zwei Zehnthalerſtücke, die dieſer einer genauen Prüfung unterzog, indem er ſie gegen einander ſchlug, um ſich durch den Klang zu über= zeugen, ob ſie ächt wären; er ſchob ſie mit einem Goddam! in die Taſche und drängte Smith zur Thür hinaus, die er von außen hinter ſich verſchloß.

Einen Augenblick war das Zimmer leer, das Kamin=
feuer warf ein düsteres Licht in das kleine ärmliche
Gemach, das noch vor Kurzem Zeuge des allerliebsten
Zwiegespräches gewesen war. Plötzlich bewegte sich in der
einen Ecke etwas; eine Planke des Fußbodens erhob sich —
noch eine, und eine menschliche Gestalt wurde sichtbar.
Es war Sarah, die während des ganzen Gespräches
in einer kellerartigen Vertiefung unter dem Fußboden
gelauscht hatte, und der kein Wort entgangen war.
Mit dem Ausdruck des äußersten Schreckens und Ent=
setzens stürzte sie in die Mitte des Zimmers — die Kraft
versagte ihr aber, und sie fiel halb ohnmächtig auf die Kniee.

„Ist es möglich, Vater im Himmel, daß diese
Menschen uns arme schwarze Kinder wie ihr Eigen=
thum besitzen und uns verhandeln dürfen? Soll Sally
diesem Harrison, an dessen Händen das Blut so vieler
Menschen klebt, verhandelt werden, damit er das
Verbrechen von Sally's Vater nicht verräth? Und
Rosa, die arme fromme Rosa — sie soll diesem
Wüstling überliefert werden? — O Gott, Gott,
das sind die Menschen, die von Religion sprechen,
Kirchen bauen und das Wort „Freiheit" im Munde
führen? Lieber himmlischer Vater, erhöre das Gebet
einer armen demüthigen Sklavin, die Dich aus ganzer
Seele liebt und verehrt, rette die beiden unschuldigen

Mädchen, erbarme Dich unseres Volkes, Gott im Him=
mel, und nimm uns lieber alle auf Einmal von dieser
traurigen Erde, die wir mit unseren Thränen befeuch=
ten, mit unserem Schweiße tränken. Nimm den Fluch
von uns, Herr Herr, und laß uns glücklicher sein, als
die gejagten Thiere des Waldes!"

Thränen stürzten aus den Augen des betenden Mäd=
chens. Sie rang in Verzweiflung die Hände, schlug
sich vor die Brust und blickte starr vor sich hin.

Plötzlich erhob sie sich. „Sie wollen auch seinen
Freund verderben, — o, ich will sie retten, ich will sie
warnen, will ihr Engel sein — er wird der armen
Sarah freundlich danken, ihr vielleicht die Hand reichen,
dann nicht mehr an sie denken." Ein heftiger Kampf schien
das Herz der jungen Sklavin zu bewegen; mit der
wilden Leidenschaft der Quadrone breitete sie sehn=
süchtig die Arme aus und preßte sie an den wogenden
Busen, als wenn sie den Geliebten umfangen hielte —
dann wieder sank ihr Haupt trauernd auf die Schulter,
während Thränen ihren Augen entquollen. „Wie wollte
ich ihn lieben," jammerte sie, „lieben? o, es giebt kein
Wort für meine Leidenschaft — sie brennt wie himmlisches
Feuer in meinem Innern, sie droht, mein Herz zu zerspren=
gen — und ach, keine Hoffnung, keine Möglichkeit, ihn jemals
zu besitzen, ihm auch nur Freundin oder Schwester zu sein."

Ein leises Pfeifen ließ sich vor dem Hause ver=
nehmen; schnell öffnete Sarah mit einem Nachschlüssel
die Thür und ein kleiner ärmlich gekleideter Mensch
drängte sich ins Zimmer. „Habt Ihr ihn verfolgt?“
fragte Sarah. Der Kleine nickte. „Wo ist er?“ Der
Kleine erhob die Hand und deutete mit dem Finger
nach der Levee. „Also doch,“ sagte Sarah für sich,
„selbst dieser schreckliche Abend hat den verhärteten
Bösewicht nicht erschüttert. Ist er bewacht? Habt
Ihr Roberts und Bruns auf ihre Posten gestellt?“
Der Kleine zeigte zwei Reihen weißer Zähne, indem er
den Mund weit aufriß und einige unartikulirte Töne
gurgelte.

„Ihr seid ein braver Bursche, da habt Ihr etwas
für Eure Mühe. Nun bewacht mir den Mann genau
und macht Eure Meldungen, wie gewöhnlich. Wohin
ist Harrison gegangen? Nach dem Consignations=Hause?
Ging er allein? Ihr schüttelt mit dem Kopfe und
zeigt zwei? Ging er mit zwei Damen hin? Mit
Miß Turntail? Ja? wer war die andere, Miß
Redstone? — Nicht — eine große Dame? — war es
vielleicht Miß Bighead? Ja? seid Ihr Eurer Sache
gewiß? Ist auch die Bighead dem Laster verfallen?
Nun wahrlich, ich bin stolz, daß ich eine arme Sklavin,
aber ein tugendhaftes Mädchen geblieben bin.

Der kleine Stumme blickte Sarah theilnahmsvoll an und streichelte ihre Wangen.

„Ihr denkt nicht schlecht von mir, Peterson," fragte Sarah wehmüthig lächelnd, „und verachtet mich nicht wegen meiner Farbe. Danke Euch, seid ein guter Mensch, Gott segne Euch!"

# VII.

In dem Hauſe der Wahrſagerin herrſchte rege
Thätigkeit. Zwei Damen hatten ſich anmelden laſſen,
und da Madame mit den Wünſchen dieſer Damen ver-
traut war, verfehlte ſie nicht, die nöthigen Vorbereitungen
zu ihrem Empfange zu machen. „Sie müſſen einen
Schnurr- und Backenbart ankleben, Herr Maxdorf, und
die Huſaren-Uniform anlegen; Miß Turntail hat ein
Verhältniß mit einem franzöſiſchen Abenteurer angeknüpft,
der in den hieſigen ariſtokratiſchen Cirkeln viel Aufſehen
gemacht hat und durch ſeine bunte Uniform die Herzen
der ſchönen Welt im Sturm eroberte. Seit einiger
Zeit iſt er aber in ſeinen Bewerbungen etwas erkaltet
und Miß Turntail fürchtet, daß einige kleine nächtliche
Betverſammlungen ihrem Anbeter zu Ohren gekommen
ſind. Sie kommt daher zu mir, um ſich ihren künftigen Gemahl beſchreiben zu laſſen, und da der Fran-
zoſe nur des Geldes wegen nach Miß Turntail angelt

und mit kluger Berechnung gegen sie den Gleichgültigen spielt, während er scheinbar einer Andern den Hof macht, so gehört eben nicht viel Kunst dazu, dem jungen Dämchen die gewünschte Auskunft zu geben. Nehmen Sie nur ein möglichst freches Gesicht an, wenn ich Ihr Bild im Spiegel erscheinen lasse und starren Sie der jungen Dame in die Augen; sie ist an derlei gewöhnt."

„Wer ist denn die zweite junge Dame, wenn ich so unbescheiden sein darf, zu fragen?"

„Miß Anna Smith," antwortete die Wahrsagerin. „Das Engelskind schwankt zwischen Ihnen und Malte, und ist mit sich nicht im Klaren, ob die funfzigtausend Dollars, die Malte besitzt, Ihr schönes Gesicht auf= wägen."

„Sehr schmeichelhaft," rief Maxdorf lachend. „Na, wenn mein Gesicht funfzigtausend Dollars werth ist, dann gebe ich die Hoffnung noch nicht auf. Ich muß doch ein verdammt hübscher Kerl sein, Madame! Warum haben Sie mir das nicht früher gesagt? Ist mir förmlich leid um all die schönen jungen Damen, die sich in mein einnehmendes Aeußere verlieben und denen ich nur mit einem Achselzucken antworten kann. — Sie werden der Miß Anna die Wahl hoffentlich er= leichtern?"

„Sie werden auch der Miß Anna erscheinen, Herr

Maxdorf, es ist durchaus nothwendig. Ich will Sorge tragen, durch meine Auslegung der Karten und durch das Astrologische gewisse Möglichkeiten in Aussicht zu stellen, von deren Eintreten das Geschick Miß Anna's abhängt, so daß Sie vorläufig wenigstens nichts von ihr zu fürchten haben werden. — Es ist aber Zeit, daß Sie sich fertig machen, Herr Maxdorf. Legen Sie die Uniform und den Bart an, und wenn ich dreimal an die silberne Glocke schlage, dann erheben Sie sich langsam hinter jenem Schirm und bleiben Sie etwa eine Minute unbeweglich stehen. Blicken Sie unverwandt in den Spiegel, der über dem Tisch hängt, von dort aus fällt Ihr Bild in den Verkleinerungsspiegel und von jenem wieder auf diese polirte Stahlplatte, die ich mit dem Herz=Buben verdeckt habe. Sobald Sie fertig sind, gehen Sie die geheime Treppe, die aus Ihrem Zimmer führt, hinab und nehmen so leise wie möglich Ihren Platz ein."

„Wäre es nicht besser, wenn ich mich gleich hier einfände, die Damen könnten mich kommen hören," fiel Maxdorf ein.

„Das geht deswegen nicht, weil die Damen hinter jenem Schirm ihre Hüte und Shawls ablegen und es ihnen auffallen würde, wenn ich ihnen untersagen wollte, hinter den Schirm zu treten, — und was das Geräusch

betrifft, welches Ihre Tritte verursachen würden, so denke
ich, daß der vierfach gelegte Teppich —"

„Madame, ich bewundere Sie!" sagte Maxdorf,
der trotz seiner Philosophie großen Geschmack an dem
Unternehmen fand. „Ich eile, mich zu verkleiden —
wie weiß ich aber, wenn mein Augenblick gekommen ist?"

„Sehen Sie, diese Planke im Fußboden ist beweg=
lich; sowie ich meinen Fuß darauf setze, weicht sie mei=
nem Drucke und öffnet durch einen Eisendraht, der
daran befestigt ist, die Thür zum verdeckten Gang. Sie
brauchen also nur die Thür im Auge zu haben und
herabzuschleichen, sobald Sie bemerken, daß sie sich
öffnet."

Maxdorf eilte auf sein Zimmer und warf sich lachend
in den Lehnstuhl. „Würde man es glauben, daß hier
in einem Lande, welches sich seiner Bildung und Auf=
klärung rühmt, solche Dinge an der Tagesordnung sind?
Der Aberglaube des Mittelalters scheint aus Europa
ausgewandert zu sein und sich hier niedergelassen zu
haben — Lug, Trug, Heuchelei und Schwindel gehen
mit Wahrsagerei und Sterndeuterkunst Hand in Hand!
— Nun, meinetwegen, mundus vult decipi, ergo
decipiatur! — Das ist die Uniform — eine Art Affen=
rock, mit Schnüren und Litzen übersäet; ja, ja, wenn
es nur blinket und glitzert, dann sind die zarten Herzen

befriedigt; — der Bart ist noch das beste an der ganzen
Vermummung — es ist Natur drin und riecht bedenklich
nach Ziegenbock. So übel steht mir der Bart übrigens
nicht, muß nur einen Henri-quatre wachsen lassen!"

Unter diesen und ähnlichen Selbstgesprächen vollendete Marborf seine Metamorphose und erwartete mit
Ungeduld den Augenblick, wo die Thür sich öffnen würde.

Aber auch die Madame war nicht unthätig gewesen.
Rasch warf sie einen schwarzen, mit silbernen Sternen
übersäeten Talar über und setzte eine halbmondförmige
Krone auf ihr Haupt. In das Kaminfeuer warf sie
Händevoll wohlriechender Stoffe; sie war so sehr an
ihr Handwerk und die damit verbundenen Hokuspokus
gewöhnt, daß sie unbewußt die Zauberformeln betete,
die sie in Gegenwart ihrer Kunden herzumurmeln pflegte,
wenn sie den „Gestirnen Weihrauch" streute." Sie hob
den Herz Buben von seinem Platz vor dem Metallspiegel
herab, rieb die blanke Fläche mit einem Stückchen Leder,
steckte eine neue Karte davor, stellte die Himmelskugel
auf einen kleinen runden Tisch, der mit schwarzem Sammet
überzogen war — und erwartete die Ankunft der beiden
jungen Damen. Schon war sie im Begriff, über das
lange Ausbleiben derselben ungeduldig zu werden, als
Miß Anna und Miß Turntail in das „Heiligthum"
der Madame hereinhüpften.

Miß Turntail war heute zum ersten male bei Madame, trat daher etwas schüchtern und verlegen auf; Miß Anna aber schien ganz wie zu Hause zu sein und über= häufte die Wahrsagerin mit Freundlichkeiten.

„Wie geht es Ihnen, meine Liebe?" fragte sie, nach= dem sie Miß Turntail vorgestellt hatte. Wie haben Sie es? Haben die schlechten Zeiten auf Ihr Geschäft Einfluß? Du lieber Gott, sehen Sie, Miß Turntail, wie reizend Madame eingerichtet ist! Ach, sie ist so gut gegen uns junge Mädchen, solch ein Engel — Sie liebe Herzensfrau."

„Wer könnte denn auch gegen solch liebe Geschöpfe anders als gut sein," entgegnete die Madame — „solch liebe Engelskinder. — Du mein Gott, als ich jung war, aber das ist schon lange her — doch, wollen die Misses nicht ablegen? Bitte legen Sie ab, Miß Turntail, legen Sie ab, Miß Smith. Hier hinter dem Schirm, Sie kennen ja den Platz, Miß Smith. Und wie elegant Ihre Toilette ist, Miß Turntail, welch ausgesuchten Schmuck tragen Sie, Miß Smith —. ja, ja, da sieht man das aristokratische Blut „Sweet little dolls."

Miß Turntail und Miß Smith entledigten sich ihrer Hüte und Shawls und setzten sich in die bequemen Fau= teuils, die Madame ihnen hinschob.

„Na, wo fehlt's denn, Miß Turntail?" hub die Wahr=

sagerin an, indem sie die Gefragte bei der Hand faßte
und die Lebenslinie einer sorgfältigen Prüfung unter=
zog. „Was drückt das arme Herzchen? Liebesgram?
— Doch nein, von Gram finde ich hier in diesen blauen
Linien keine Spur. Setzen Sie sich ein wenig mehr
rechts hinüber, so daß ich deutlicher sehen kann.

„Wie alt sind Sie, Miß Turntail?"

„Achtzehn Jahre," erwiderte die Gefragte.

„Und in welchem Monat geboren?"

„Im März."

„Unter dem Mars! Ei sieh mal an, will unsere
sanfte Kleine dem Kriegsgotte dienen? — Sie erröthen,
mein Kind — wie süß sie erröthet, nicht, Miß Smith?
— also ein Soldat ist der Auserkorne. Das ist ein
glückliches Zeichen! Unter der Herrschaft des Mars,
Sie liebe kleine Freundin!"

„Warum glauben Sie das?" fragte Miß Turntail,
die sich den Anschein geben wollte, als glaube sie kein
Wort von dem, was die Wahrsagerin sagte.

„Sehen Sie hier diese blaue Linie, das ist die
Lebenslinie — sie ist lang und breit, wie Sie bemerken
werden, das bedeutet ein langes Leben und Reichthum;
dort bemerken Sie eine kleine rothe Linie, das ist Ihr
Zukünftiger; die Linie ist aber erhaben — woraus ich
entnehme, daß er ein hoher Herr ist. Folgen Sie nun

etwas weiter den Linien, so sehen Sie hier, wo die
Lebenslinie mit der Glückslinie zusammenkommt, ein M
geformt, und das bedeutet, daß Mars Sie unter seinen
Schutz genommen hat. — So weit Ihre Hand über
Ihr künftiges Leben Aufschluß giebt, sind Sie zu be=
neiden, mein Fräulein."

„Jetzt haben Sie die Güte, eine Karte zu ziehen.
Was haben Sie gezogen? den Storch? Ei! ei! nun,
das wird eine kinderreiche Ehe werden, lauter kleine
Husaren."

„In't it delightful." „Ist es nicht entzückend?"
rief Miß Anna.

Miß Turntail horchte mit glühenden Ohren den
Worten der Wahrsagerin, die den Storch auf eine kleine
silberne Platte legte und mit den anderen Karten um=
gab, welche sie unter unverständlichem Murmeln in sieben
gleiche Häufchen theilte.

„Jetzt denken Sie sich etwas, Miß Turntail, und
wir wollen dann sehen, ob es in Erfüllung gehen wird."
Mit diesen Worten fing sie an, die Haufen einzeln
aufzudecken. „Dieß hier ist Ihr Haus," fuhr sie fort,
— „es ist umgeben mit Freuden und Reichthum —
Sie werden noch recht reich werden — da ist Ihre
Wiege und daneben steht die Trauerweide — haben
Sie Ihre Mutter früh verloren? — Ich dachte mir's

gleich — ja die Karten verrathen Alles. Treffle Zehne,
sehen Sie, das ist der Lebensweg, er führt Sie aus dem
Hause, wo Ihre Wiege steht, in Reichthum — Gott,
werden Sie aber reich, Miß Turntail; — da steht der
Feind, er kann Ihnen aber nichts anthun, denn es liegt
eine Glückskarte dazwischen — und daneben ist Ihr
Stern. Sehen Sie, Miß Turntail, Ihnen steht viel
Glück bevor. Ihr Stern leuchtet aufs Haus, aus dem
Sie ausgegangen sind, auf Ihren Lebensweg und läßt
den Feind im Schatten stehen und beleuchtet die Glücks-
karte. Da, das ist Herzen Bube, das ist Ihr Lieb-
haber. Er liegt zwischen Pique Dame und Carreau
Bube — er hat wohl für eine andere Dame ein wenig
Neigung gehabt — aber der Carreau Bube ist ihm
im Wege gestanden und er kehrt zu Ihnen zurück. Sie
können sich selbst überzeugen. Er liegt gerade unter
Ihnen; die Karte, die Sie von einander trennt, ist die
Post — er wird Ihnen schreiben und dann schlagen
Sie nur ein, denn er ist ein vornehmer Herr, das
zeigen die beiden Könige und die Coeur Zehne an, die
ihm zur Seite liegen, und er liegt auch unter dem
Schein von Ihrem Lebensstern. Aber, mein Gott! —
eins, zwei, drei, vier, fünf, sechs, sieben! Sieben
Kinder werden Sie haben! Da schauen Sie her, Miß
Smith, ob nicht um die Wiege sieben Kinder liegen!

Miß Smith stieß ihre Freundin schäkernd an und sagte: „Ist es nicht himmlisch?"

„Splendid," antwortete Miß Turntail.

Madame erhob sich, um die Himmelskugel etwas mehr gegen die Lampe zu drehen, sie trat bei dieser Gelegenheit auf die bewußte Planke, die Thür öffnete sich im obern Gemach und Maxdorf schlich leise und unhörbar auf seinen Posten.

„Hier sehen Sie die sieben Planeten und die Sternbilder, Miß Turntail. Der Mars ist Ihr Glücksstern; er hält den Saturn ab, der Ihnen Böses will — heirathen Sie nicht im Mai und auch nicht im Juni, denn dann hat der Mars keine Gewalt — und da ist Venus, die Ihnen auch ins Haus leuchtet. Ach, werden Sie glücklich! der Jupiter steht Ihnen schräg oben zur Seite und das Siebengestirn — o du meine Güte, sehen Sie, das Siebengestirn liegt Ihnen im Schooße!"

„Sind's Mädchen oder Knaben?" fragte Miß Turntail klopfenden Herzens.

„Drei Mädchen und vier Knaben, und ein Paar sind Zwillinge; da sehen Sie selbst, wie die Zwillinge nach Ihrem Hause hinüber schielen und wie der Wassermann in dem Schatten steht. Ja, wenn ich allen jungen Damen so Gutes prophezeien könnte, wie Ihnen, Miß Turntail!"

„Kann ich ihn nicht zu sehen bekommen?" fragte das junge Mädchen mit einer wahrhaft reizenden Natürlichkeit.

„Sie fordern von mir viel," entgegnete mit einem strengen Blicke die Wahrsagerin. „Sie verlangen, daß ich Ihnen nicht nur ihr künftiges Schicksal, sondern auch das Bild Ihres Zukünftigen enthüllen soll? Aber wohlan, es sei. Niemand soll mein Haus unbefriedigt verlassen. Stehen Sie auf, Miß Turntail, und treten Sie in diesen Kreis; verwenden Sie aber keinen Blick von jener Karte."

Die Wahrsagerin holte aus einem Sammetkästchen einige köstlich duftende Stoffe und warf diese auf ein kleines Kohlenbecken, welches sie an einer dünnen Kette in der Hand trug.

Plötzlich entstieg ein bläulichrother Dampf dem Kohlenbecken; ein silbernes Glöckchen gab drei deutliche Schläge, die Karte flog von der Wand, und ein schöner junger Officier in prachtvoller Husarenuniform erschien an derselben Stelle, wo erst vor einem Augenblick der Coeur Bube gesessen.

Regungslos blieb das überraschte Mädchen stehen, starrte mit weit geöffneten Augen das Bild des Geliebten an; doch plötzlich, als Madame das Kohlenbecken zwischen ihr und dem Bilde schwang, taumelte sie zurück in ihren Sessel.

Schnell entfernte die Wahrsagerin dies Becken, während sie mit der linken Hand wieder einen Coeur Buben über die Stahlplatte steckte.

Miß Anna war erschrocken aufgesprungen, da sie aber ihre Freundin die Augen aufschlagen sah, fragte sie: „Wes it him?"

„O yes," antwortete Miß Turntail, die wie in Verzückung ihre Blicke auf die Stelle richtete, wo der schöne Husarenofficier erschienen war; als sie das geliebte Bild nicht mehr fand, fragte sie Madame, ob es ihr nicht möglich sei, es noch einmal zu zeigen — aber die Wahrsagerin verwies ihr mit strengen Worten ihre unziemliche Bitte und sagte, daß es ihr geistige und körperliche Anstrengung genug gekostet habe, durch den Magnetismus und die Elektricität das Wunder zu vollbringen. Es würde wenigstens acht Tage dauern, bis sie wieder Kraft genug besäße, um dasselbe Bild von Neuem erscheinen zu lassen.

Miß Turntail fügte sich in das Unvermeidliche und lehnte sich träumend in den Wiegenstuhl, während Miß Anna der Madame das süße Bekenntniß ablegte, daß sie zwischen zwei Anbetern schwanke und gern eine „höhere Inspiration" consultiren wolle, welchem von den beiden feurigen jungen Männern sie ihr Herz schenken dürfe?

„Sagen Sie mir nichts, Miß Smith, ich weiß aus Ihren Lebenslinien Alles," sagte die Wahrsagerin. „Es steht ein starker Feind neben Ihrem Hause, der vom Saturn begünstigt wird, und Sie würden wohl thun, wenn Sie ein vierblättrig Kleeblatt im linken Strumpf trügen — das macht fest gegen den bösen Blick und üble Nachrede. Doch, lassen Sie uns die Karten fragen. Ziehen Sie eine Karte. — Was, den Brautkranz? Nun, wahrhaftig, wenn ich es nicht mit eignen Augen sähe, so würde ich es nicht glauben! Steht Ihnen das Glück so nahe? Nun, lassen Sie uns weiter sehen; wünschen Sie sich recht fest etwas, wir wollen doch sehen! Da ist Ihr Lebensweg, der führt über Wasser. — Jesus Maria! Sie wollen doch nicht gar fortziehen? — Da ist ein Schiff! Ist es gar ein Fremder, ein Engländer oder Deutscher, der Sie übers Meer nehmen will zu seinen Anverwandten? O du himmlische Güte — sehen Sie den Reichthum und das Glück, da — da liegt Ihr Haus, von dem Sie ausgehen, es liegt im Schatten von dem bösen Feinde und von einer Trauerweide — es steht Ihrem Hause Unglück bevor; und sehen Sie hier — nein, was die Karten sprechen! — Da liegt Ihre Freundin, ist aber keine Weiße, muß eine Dunkle sein — überzeugen Sie sich selbst, die meint es treu mit Ihnen, Sie wissen es aber nicht,

Sie sind ihr nicht gewogen; der Liebhaber spricht zu der Freundin — sehen Sie selbst her, und erkundigt sich nach Ihnen; da die Pique Fünf, das ist die Spionir= karte, und sehen Sie nur, wie sie ihm das Herz As hinhält — das ist die gute Nachricht. Nein, so eine Freundin! Die besiegt jedes Hinderniß für Sie, aber vertrauen müssen Sie ihr, Miß Smith, dann wird Alles gut."

„Da sind die beiden Liebhaber — du meine Güte, zwei Freunde sind es. Der Coeur Bube und der Coeur König; der Bube hat Geld im Schooß, aber den kriegen Sie nicht, den König kriegen Sie — und blond ist er, und ein Ausländer, der Sie übers Wasser führt, ich wette mein Leben darauf."

„Kann ich ihn nicht sehen?" fragte Anna, der die Worte der Wahrsagerin wie Sphärenmusik klangen.

„Doch, doch, mein Fräulein. Wir wollen es ver= suchen; so, stellen Sie sich in den Kreis und verwenden Sie kein Auge von dem Coeur Buben, es möchte Ihnen sonst das Bild nicht erscheinen."

Wieder schwenkte die Wahrsagerin das Räucher= fäßchen, wieder ertönten die drei Schläge der Glocke, der Coeur Bube flog von der Wand und Maxdorf er= schien dem entzückten Auge der Miß Smith.

„Is it possible?" rief Miß Smith, „o dear me!"

Nur einen Augenblick gönnte Madame dem jungen Mädchen den Anblick; sie schwenkte das Räucherfäßchen unter ihrer Nase, die betäubenden Dünste zwangen sie zurückzutreten und in ihren Sitz zu sinken — und der Coeur Bube nahm seinen Platz wieder ein.

„Also d e n soll ich besitzen," rief Miß Anna, indem sie beide Hände vor das Gesicht hielt und laut kicherte: „Na, dann mag Rosa meinetwegen den andern haben, ich beneide sie nicht. Wer mag aber die Freundin sein, die mir behülflich sein wird? Sagten Sie nicht, daß es eine dunkle Dame ist?"

„Es war die Pique Dame," antwortete die Wahrsagerin.

„Es kann Niemand anders sein, als Rosa! Kennen Sie Rosa, Madame? — Doch wozu frage ich — Sie kennen sie nicht — es ist eine Indianerin, die bei uns das Gnadenbrod hat — meinen Sie, daß ich ihr vertrauen kann? Sie hat etwas so Zurückhaltendes, so Verschlossenes und ist so still; ich hätte nie geglaubt, daß sie meine Freundin wäre."

„Und doch muß es so sein, Miß Smith — es war eine dunkle Dame — und ich vermuthe wohl mit Recht, daß die Miß Rosa dunkel ist? Nur durch die Hülfe dieser Indianerin werden Sie den schönen jungen Mann gewinnen, verlassen Sie sich darauf und befolgen

Sie meinen Rath — die junge Miß als Ihre aufrich=
tigste Freundin zu betrachten."

„Gewiß werde ich das," erwiderte Miß Smith.
„Noch heute Abend werde ich ihr mein Herz aufschließen,
damit sie schon morgen mit ihm über mich spricht,
wenn er zur Musikstunde kommt. Es wird schon spät,
lassen Sie uns gehen, Miß Turntail. Erlauben Sie,
daß ich Ihnen meinen Dank ausspreche, Madame Monroe?"
Mit diesen Worten drückte sie der Wahrsagerin eine
Börse in die Hand und Miß Turntail versäumte nicht,
dasselbe zu thun.

„Wenn Sie wieder Rath brauchen, so gehen Sie
meinem Hause nicht vorbei; gute Nacht, meine Damen!
Gute Nacht, meine süßen Puppen."

Kaum waren die Damen aus dem Zimmer getreten,
als Marxdorf die Treppe herabeilte und hinter dem
Schirm hervorlugte. „Ist es möglich, ist es wirklich
denkbar," sagte er, als die Madame ihm winkte, näher
zu treten — „ist es zu glauben, daß im Jahre 1861
dergleichen Dinge passiren! Nun wahrlich, ich beuge
mich vor Dir, allmächtige Beherrscherin der Welt und
preise dreifach Deinen Namen, Du unsterbliche Göttin
der Dummheit."

„Sprechen Sie nicht so laut," sagte die Wahr=
sagerin. „Da sehen Sie, was die beiden Damen

gezahlt haben. Diese Börse mit fünfunddreißig Dollars in Gold ist von Ihrer Anbeterin, der Miß Smith —"

„Pfui Spinne," rief Maxdorf.

„Und hier diese Banknoten — beim Himmel, funfzig Dollars! sind von der Miß Turntail."

„Das Geschäft florirt, Madame! Sagen Sie mir aufrichtig, haben Sie öfter solche Einnahmen? Giebt es mehr solcher leichtgläubiger Mädchen in der Stadt?"

„Mädchen? o, warten Sie nur, bis die Herren und Frauen kommen, Advokaten, Politiker, Candidaten — die zahlen ganz anders; ich habe schon hundert Dollars von einer Person bekommen. Sie werden noch manches Wunder erleben, wenn Sie länger bei mir wohnen, und noch recht oft Gelegenheit haben, über diese Amerikaner zu erstaunen, die sich für die gebildetste Nation der Welt halten, und doch so leichtgläubig sind, daß ich oft an mich halten muß, um nicht über das unbedingte Vertrauen laut aufzulachen, das sie in meine Kunst setzen."

„Sind Sie denn nicht selbst eine Amerikanerin?" fragte Maxdorf.

„Nein, Gott sei Dank, nein!" entgegnete Madame; „und da heute Abend wohl Niemand mehr kommen wird, so will ich Ihnen bei einem Glase Wein meine

Geschichte erzählen, wenn es Sie nicht ermüdet, zuzu=
hören."

Maxdorf erklärte sich mit Freuden bereit, den Lebens=
lauf der Wahrsagerin kennen zu lernen. Madame brachte
eine Flasche Champagner und Gläser herbei, und hub
folgendermaßen zu erzählen an:

„Ich bin eine geborene Engländerin und verließ
als junges Mädchen meine Heimath, um das Erbtheil
anzutreten, welches mein Bruder mir in Texas hinter=
lassen hatte. Auf der Reise von New=Orleans nach
Galveston lernte ich einen Amerikaner kennen, der mir
mit so viel Bereitwilligkeit und Freundlichkeit seinen
Schutz antrug und in jeder Beziehung ein so vollkommener
Gentleman zu sein schien, daß ich keinen Anstand nahm,
in die von ihm vorgeschlagene eheliche Verbindung ein=
zuwilligen. Wir wurden in Galveston getraut und
begaben uns nach einem kurzen Aufenthalt auf meine
Besitzungen, die an der nordöstlichen Grenze von Texas
gelegen waren. Eine unermeßliche Landstrecke war mir
zugefallen, zahlreiche Negerfamilien begrüßten mich als
ihre Herrin, Tausende von Pferden, Rindern und Schafen
waren mein Eigenthum.

Da wir an der Grenze lebten, so konnte es nicht
fehlen, daß wir häufig mit den Indianern in Berüh=
rung kamen, und ich gestehe, daß ich sehr bald eine

große Vorliebe für die armen verfolgten, betrogenen und grausam behandelten Creeks faßte. Namentlich aber gewährte es mir die größte Freude, dem Häuptling der Creeks, der sich die „blutige Hand" nannte, von den Segnungen der Civilisation, den Eisenbahnen, Dampfschiffen und vielen anderen großartigen Erfindungen der neuern Zeit zu erzählen. Die „blutige Hand" hörte mit sichtbarem Vergnügen zu und sprach seine Bewunderung der blassen Gesichter jenseits des großen Wassers aus; die weißen Gesichter aber, diesseits des Wassers, die fortwährend die empörendsten Grausamkeiten gegen die Rothhäute begingen, haßte er mit unversöhnlichem Grimme.

Ich versuchte es wohl manchmal, die „blutige Hand" mit dem Christenthum bekannt zu machen, sah aber jedes Mal zu meinem großen Schmerz, daß der Häuptling, der sonst allen meinen Erzählungen mit Aufmerksamkeit zuhörte, sich stolz erhob und von dannen schritt, sobald ich das Wort „Religion" aussprach.

Einige Jahre waren dahingeflogen; ich lebte mit meinem Manne in einer glücklichen Ehe und sah mit Befriedigung unsern Wohlstand von Jahr zu Jahr zunehmen, die Ansiedlung sich rasch mit neuen Einwohnern anfüllen. Unter diesen befand sich eine Familie aus New-York, die durch einen Agenten eine Strecke

Landes hatte ankaufen laſſen, das unmittelbar an das
unſrige grenzte. Der Agent hielt ſich längere Zeit in
unſerm Wohnhauſe auf und erwartete die Ankunft ſeiner
Freunde, die er mir und meinem Gatten als eine wohl-
habende, gebildete und liebenswürdige Familie ſchilderte.
Wir beſchloſſen daher, bis das neue Wohnhaus für
unſere Nachbarn eingerichtet ſein würde, ihnen ein paar
Zimmer in unſerm eigenen Hauſe anzubieten, und
reiſten ihnen, als der Agent von ihrer Ankunft in Gal-
veſton unterrichtet war — eine Tagereiſe weit entgegen,
um ſie perſönlich einzuladen.

Ich vergeſſe den Augenblick unſeres Zuſammentreffens
nie. Von dem natürlichen Gefühl ergriffen, eine gebildete
Dame an der äußerſten Grenze der Civiliſation als
Freundin zu umarmen, eilte ich auf die junge Frau zu
— aber mit einem lauten Schrei des Entſetzens taumelte
ſie in die Arme ihres Mannes zurück. Ich blieb wie
verſteinert ſtehen, bat um eine Erklärung dieſes Empfan-
ges, als plötzlich der Gatte der halb ohnmächtigen Frau
einen Revolver zog und meinen Mann leblos niederſtreckte."

Die Wahrſagerin war bei den letzten Worten auf-
geſtanden und ſchritt heftig im Zimmer auf und ab.
Große Schweißtropfen perlten auf ihrer Stirn, ihr
Auge leuchtete, ihr Geſicht zuckte krampfhaft zuſammen.
Maxdorf wagte es nicht, ein Wort des Troſtes oder der

Beruhigung an sie zu richten, sondern wartete mit ge=
spannter Aufmerksamkeit auf die Fortsetzung der Er=
zählung.

„Kaum war das Gräßliche geschehen," fuhr die
Wahrsagerin fort, „als die Dame aus New=York mir
um den Hals fiel und laut weinend gestand, daß der
Ermordete ihr Mann sei."

„Ihr Mann?" rief ich, „Ihr Mann?"

„Ja, mein Mann, und der Mann vieler Anderer.
Der Elende hat mich betrogen, wie er Sie und außer
uns noch eine große Zahl anderer Frauen betrogen hat.
Ich war die vierte Frau, die er geheirathet, die wie=
vielte Sie sind, mag der allmächtige Gott wissen."

„Man brachte mich in einem Zustande der Bewußt=
losigkeit auf meine Plantage zurück; die fremde Dame
pflegte mich mit aufopfernder Hingebung und bald fühlte
ich mich stark genug, den Platz zu verlassen, der so
viele traurige Erinnerung für mich hatte. Ich wollte
nach England zurückkehren, und dort aus dem Erlös
meines Eigenthums, das ich zu verkaufen beschloß —
arme Familien unterstützen und verwaiste Kinder er=
ziehen. Wer malt aber mein Erstaunen, meinen Schreck,
als sich nach einigen Tagen Gerichtsbeamte einstellten,
die meine Neger und Heerden in Beschlag nahmen
und mir anzeigten, daß mein Mann bei seinen Leb=

zeiten alles bewegliche Eigenthum verpfändet habe. —
Er hatte ungeheure Summen aufgenommen und — wie
ich jetzt erst erfuhr — mein ganzes Eigenthum verspielt. — Mir blieb nichts als die kleine Quadrone
Sarah, mit der ich die Reise durch·das Territorium
und Arkansas nach Missouri anzutreten beschloß.

Hier war es, wo ich die aufopfernde Freundschaft
der „blutigen Hand“ kennen lernte. Ein hitziges Fieber
befiel mich, nachdem ich zwei Tagereisen zurückgelegt
hatte, und wäre nicht der Indianerhäuptling mein
Retter in der Noth gewesen, so würden meine Gebeine
auf der öden Prairie vermodern. Es dauerte lange,
bis ich meine Kräfte wieder gewann, und als ich endlich stark genug war, die beschwerliche Reise anzutreten,
begleitete mich der Häuptling mit einer auserlesenen
Schaar seiner Warriors bis an die Grenze von Arkansas. Zwei seiner Squaws (Frauen) mußten während
der langsamen mühseligen Reise für meine Bequemlich-
keit sorgen; er selbst war der Paladin, der Nachts wie
ein zahmer Löwe vor meiner Hütte Wache hielt.

Endlich trennten wir uns. Der hochherzige Häuptling drang mir eine nicht unbedeutende Summe auf.
Als sein jüngstes Kind, ein Mädchen von vier Jahren,
sich beim Abschiede nicht von mir trennen wollte und
mit seinen kleinen Armen meinen Nacken umschlang,

9\*

bat er mich, das Kind mit zu nehmen und Mutterstelle
bei ihm zu vertreten. Ich hoffte, in der volkreichen
Stadt ein Unterkommen zu finden, welches mich in
den Stand setzen würde, das liebliche Kind zu erziehen;
ich versprach, ihm eine Mutter zu sein — doch ach!
wie habe ich mein Versprechen gehalten!

Als ich Saint Louis nach unendlicher Mühe und
Beschwerde erreichte, war meine Baarschaft erschöpft.
Es war mir kaum möglich, das eigene Leben zu fristen;
Sarah vermiethete ich an gute christliche Leute, die das
Kind freundlich und liebevoll behandelten und Rosa —
die kleine schöne Rose der Prairie überließ ich dem
gleisnerischen Schurken, der mir unter heiligen Eiden
schwur, sie wie sein eigenes Kind zu halten und einst
zu seiner Erbin einzusetzen."

„Sie kannten ihn damals also nicht genauer?" fragte
Maxdorf.

„Ich glaubte ihn zu kennen und hielt ihn für einen
rechtlichen, frommen Mann, und da ich damals wenig
oder gar keine Menschenkenntniß hatte, so war ich leicht
zu hintergehen. Jetzt kenne ich ihn aber — jetzt „wo
es zu spät ist."

„Zu spät?" rief Maxdorf, — „nein Madame, es
darf nicht zu spät sein."

„Zu spät, um das Mädchen zurückzufordern, denn

ich habe sie ihm gerichtlich übergeben — aber nicht
zu spät, um dem elenden Schurken die Maske vom Ge=
sicht zu reißen. Sie werden morgen Ihre erste Stunde
geben, Herr Maxdorf; überreichen Sie Rosa die Perlen=
schnur, wenn Sie glauben, daß Anna Sie nicht zu
scharf beobachtet. Smith und Harrison haben heute
Abend eine Zusammenkunft — wir werden morgen
erfahren, was sie verabredet haben."

„Harrison?" fragte Maxdorf, — „ist das nicht der=
selbe, der von Smith Geld borgt? Hilmer hat mir
schon von ihm erzählt."

„Ja, derselbe," sagte die Wahrsagerin. „Aber er
wird mir so wenig entgehen, wie der falsche Bube,
dem ich zur bösen Stunde mein Kind — mein Pflege=
kind anvertraute. Sie mögen sich hüten vor mir. —
Verlassen Sie mich, Herr Maxdorf — ich fühle mich
aufgeregt und sehne mich nach Ruhe. Sie haben Ihre
Hand zu einem großen und edlen Werke geboten —
der Himmel gebe seinen Segen dazu!"

# VIII.

Herr Smith war heute besonders feierlich gestimmt;
er befand sich mit Malte und Hilmer allein im Laden
und überhäufte Ersteren mit salbungsreichen Redens-
arten.

„Es thut meinem armen Herzen wohl, mein lieber
junger Freund," sagte er zu Malte gewendet, „daß Sie
Ihre Zukunft an unsere Firma knüpfen wollen. Erst
hoffe ich aber, Sie in unsere bescheidene Kirche einführen
zu dürfen, damit ich Sie den frommen Brüdern der
Gemeinde im Hause des Herrn vorstellen kann. O,
Herr Malte! wenn der Herr Ihr Herz erschließen
wollte! Wenn Sie der Gnade Ihr Ohr öffnen
möchten! Wie glücklich, wie unaussprechlich glücklich
würde ich sein, wenn ich Sie den Netzen des Antichrists
entreißen und in die Gemeinde der Heiligen einführen
könnte." — Er hatte die letzten Worte mit aufge-
hobenen Händen gesprochen; in seinen frommen Augen

erglänzte eine Thräne. „Sehen Sie, Herr Malte,"
fuhr er fort, „ich bin gerührt — ich weine, weine vor
Rührung und aus Liebe zu Ihnen!"

Malte war durch diesen Beweis von Liebe tief er=
griffen. Er drückte Smith's Hände und sagte: „Sie
sind ein guter Mensch, Herr Smith — Gott lohne
Ihnen all die vielen Wohlthaten und Freundlichkeiten,
die Sie mir armen Menschen erwiesen haben."

„Und trage ich nicht schon Gottes Lohn im Herzen,
junger Mann? Ist diese Thräne, die ich umsonst
zurückzuhalten suche, nicht eine köstliche Perle aus dem
Juwelenschatze, den die Gnade Gottes in mein Herz
hineingehaucht — ja hineingehaucht hat! — Doch, wir
wollten ja unser Geschäft besprechen, Herr Malte,
nnser Geschäft, Herr Hilmer! Es ist keine Sünde,
hoffe ich, von Geschäften zu sprechen? Oder halten Sie
es für sündhaft, Herr Hilmer — verdammen Sie mich,
Herr Malte, wenn ich Ihnen vorschlage, von Geschäften
zu sprechen?"

Hilmer und Malte versicherten, daß sie nichts Sünd=
haftes in einer Geschäftsverhandlung fänden; Smith
dankte ihnen mit einem getrösteten Blick und fuhr fort:
„Sie werden also unser Compagnon werden, Herr
Malte, Compagnon von Smith und Hilmer."

„Ja," antwortete Malte, den die feierliche Freund=

lichkeit Smith's, an die er bisher so wenig gewöhnt gewesen war, und die Aussicht auf das Compagnie= geschäft fast sprachlos machte.

„Es handelt sich also nur darum, wieviel Capital Sie einzuschießen im Stande sind, und ob Sie als „stiller" Partner eintreten wollen."

Bisher hatte Hilmer an sich gehalten; er fühlte aber, daß der Augenblick gekommen sei, wo er das Versprechen, welches er in Maxdorf's Hände abgelegt hatte, erfüllen müsse. Er ermannte sich daher und sprach — wenn auch mit sichtbarer Anstrengung und Beklemmung: „Herr Smith, ich dächte, daß meine Ein= willigung erst eingeholt werden müsse, bevor ein Partner in unsere Firma aufgenommen wird."

„Ohne Zweifel, o ganz gewiß, Herr Hilmer — und da ich nicht im geringsten über Ihre freundschaft= lichen Absichten gegen Herrn Malte im Unklaren bin —"

„So will ich ihn nicht zum Partner haben; — wenigstens nicht in diesem Geschäfte."

Hilmer sprach diese Worte in einem so entschiedenen Tone aus, daß Malte sowohl wie Smith ihn mit un= geheucheltem Erstaunen betrachteten. „Ja, sehen Sie mich nur an," fuhr Hilmer fort, „ich will Herrn Malte nicht zum Compagnon haben. Verstehen Sie mich, Herr Smith — ich, ich, der Hilmer, will es nicht!"

„Nein, ich verstehe Sie nicht," erwiderte Smith. „Wiederholen Sie es, bitte, noch einmal! Sie wollen Ihren Landsmann, Ihren Freund, den guten braven Herrn Malte, nicht zum Partner? Bitte, sagen Sie es noch einmal — es kam mir so vor, als ob Sie gesagt, Sie wollten ihn nicht."

„Zürnen Sie mir nicht, Malte, ich meine es gut mit Ihnen, ich liebe Sie wie meinen Bruder — Sie dürfen aber nicht in dieses Geschäft eintreten."

Malte stand da wie vernichtet. Von dieser Seite hätte er am allerwenigsten eine Einsprache erwartet, nein, von dieser Seite nicht. „Bin ich Ihnen nicht gut genug, Herr Hilmer, habe ich mich gegen Sie vergangen?" fragte er mit einer vor Rührung erstickten Stimme.

„Gut genug? Viel zu gut! Eben weil Sie zu gut sind, mein lieber Malte, eben deswegen widersetze ich mich. Geben Sie mir die Hand, Malte; ich bin stolz darauf, Sie meinen Freund nennen zu dürfen."

„Das ist nicht schön von Ihnen, Herr Hilmer! das ist nicht recht von Ihnen, Herr Hilmer! das gefällt mir nicht, Herr Hilmer!" rief jetzt Smith im vorwurfsvollen Tone. „Ihren Freund auszuschließen aus einem rentablen Geschäfte — o, das ist nicht schön — wirklich nicht schön von Ihnen, Herr Hilmer."

„Herr Malte ist noch zu jung, er paßt nicht für das Geschäftsleben; — ich will ihm rathen, in seine Heimath zurückzukehren — will selbst ausverkaufen."

„Wenn Sie selbst geneigt sind, aus dem Geschäfte auszutreten, so wäre ja nichts einfacher, als daß Sie Ihren Antheil an Herrn Malte verkauften. Sie würden dann Ihr geliebtes Vaterland wiedersehen, und hoffentlich recht oft an Ihre Freunde in Saint Louis zurückdenken."

„Ich will ausverkaufen; habe Ihnen das neulich schon gesagt, Herr Smith, aber nicht an Malte — will überhaupt jetzt, gerade jetzt nicht verkaufen.".

„Es freut mich, Sie im Geschäfte zu behalten, es freut mich aufrichtig, Sie sind ein pünktlicher Geschäftsmann, Herr Hilmer; — nur erlauben Sie mir — ich bitte, daß Sie mir erlauben wollen, mein Erstaunen über Ihre wechselnden Neigungen auszusprechen."

„Ich erlaube Ihnen das gern; gestatten Sie aber auch mir, Sie zu fragen, warum und weshalb Sie Herrn Malte als Compagnon anzunehmen wünschen?"

„Die vortrefflichen Eigenschaften dieses jungen Mannes, seine Umsicht, Thätigkeit, seine Erziehung, seine Erfahrung — Alles dies macht ihn mir werth und angenehm. Sollte ich denn nicht einem Manne, der so seltene Eigenschaften in sich vereinigt, die Hand zum

weiteren Fortkommen bieten? Warfen Sie mir nicht
erst vor ganz Kurzem vor, daß ich gegen die Einwan=
derer Vorurtheile hege? Ich habe mein Herz geprüft,
und gefunden, daß ich sündlichen Gedanken Raum ge=
geben" — hier reichte er dem gerührten Malte die Hand —
„und ist es nicht eine süße Buße, die ich mir auferlege,
wenn ich mein Unrecht gegen Euch, ehrliche Deutsche,
einsehend, diesen jungen Mann aus seiner bescheidenen
Stellung zu mir heraufzuziehen wünsche?"

„Herr Malte nimmt keine bescheidene Stellung im
Leben ein, Herr Smith; er besitzt ein unabhängiges
Vermögen und bedarf weder Ihrer noch meiner Protek=
tion. Zudem bedürfen wir keines Einschusses in unser
Geschäft — ich sehe wirklich nicht ein, was wir mit
dem Vermögen Malte's anfangen, wie wir es nutzbrin=
gend verwenden könnten."

„Sie sprechen da vollkommen meine Ansichten aus,"
erwiderte Smith. „Wir bedürfen keines Einschusses,
nein, Gott sei es gedankt, das Haus Smith und Hilmer
steht fest, — und Sie thun meinem Herzen weh, wenn
Sie mich fähig hielten — Herr Hilmer, halten Sie
mich fähig, um des Geldes willen — o, Sie kränken
mich sehr tief, Herr Hilmer — aber ich vergebe Ihnen."

„Es ist nicht meine Absicht, Sie zu kränken, Herr
Smith," antwortete Hilmer, dem immer mehr die Augen

über seinen Compagnon aufgingen; „ich will Sie durch=
aus nicht kränken — im Gegentheil —"

„Ich danke Ihnen, Herr Hilmer! Es thut mir
wohl, glauben zu dürfen, daß Sie mich nicht beleidigen,
mir nicht wehe thun wollten. — ich werde für Sie
beten, Herr Hilmer — und auch für Sie, mein vor=
trefflicher — aber leider verkannter junger Freund."

„Ich verkenne Herrn Malte nicht, Herr Smith."

„Doch, doch, Sie verkennen ihn; würden Sie sich
sonst weigern, ihn als Compagnon aufzunehmen?"

„Als Compagnon in diesem Geschäfte — ja, da
weigere ich mich. Aber ich will Ihnen einen Vorschlag
machen, Herr Smith. Verkaufen Sie Ihren Antheil
an Malte und lassen Sie die Firma in Zukunft Malte
und Hilmer, oder Malte und Compagnie heißen. Sie
hätten dann einen wahrhaft edelmüthigen Schritt gethan,
hätten dem jungen Mann, der Ihrem Herzen so nahe
steht, einen Beweis Ihrer Zuneigung gegeben, und könnten
sich mit einer schönen runden Summe ins ruhige Pri=
vatleben zurückziehen. Nicht wahr, Herr Malte, Sie
würden mit mir zusammen das Geschäft übernehmen?"

Malte wollte antworten, und zwar mit einem
lauten „Ja", denn er setzte in Hilmer unbedingtes Ver=
trauen — aber Smith streckte abwehrend beide Arme
aus, richtete sich hoch auf und sagte: „O, Herr Hilmer,

wenn Sie so sehr am Mammon hangen — dann
habe ich mich freilich in Ihnen geirrt. Sie wollen
den unerfahrenen jungen Mann — nein, Herr Hilmer,
das hätte ich nie und nimmer gedacht." Bei diesen
Worten faltete er die Hände und sah Malte mit einem
wehmüthigen Krokodillsgesichte an. Hätte ihm jetzt
Jemand eine Thräne in jedes Auge gezaubert, er würde
ihn als seinen größten Wohlthäter in sein Gebet ein-
geschlossen haben; leider war aber kein Zauberer bei
der Hand, der edle Mann mußte selbst versuchen, seine
Thränendrüsen zu öffnen — aber trotz alles Zusammen-
pressens der Augenlieder, wollte es ihm nicht gelingen,
einen Zeugen seiner tiefen inneren Bewegung hervor-
zurufen.

„Und was hätten Sie nie und nimmer gedacht,
wenn ich Sie fragen darf?" sagte Hilmer, der sich
seinem Landsmann gegenüber verdächtigt sah. — „Sprechen
Sie sich klar und deutlich aus — ich bitte Sie darum
— Sie sind es mir schuldig."

„Ich Ihnen etwas schuldig? Doch hoffentlich nichts
als meine christliche Liebe und mein heißes Gebet —"

„Ich danke Ihnen für Ihre Liebe sowohl wie für
Ihr Gebet, Herr Smith — Sie sind mir eine Erklärung darüber schuldig, was Sie mit Ihrer Anspie-
lung auf meine Liebe zum Gelde meinten. Ich will

mich vor Herrn Malte nicht in ein falsches Licht stellen lassen."

Smith, der wohl wußte, daß der sanfte und freundliche Hilmer doch auch zugleich unbestechlich gerecht und unbeugsam ehrlich war, hielt es für gefährlich, seinen Compagnon weiter zu reizen, und sann nur darauf, das Gespräch, das eine so unerwartete Wendung genommen hatte, mit guter Manier abzubrechen. Er erwiderte daher: „Wenn meine Zunge ein rasches Wort aussprach, so kam dies nicht aus meinem Herzen, Herr Hilmer. Hier ist mein Herz, es liegt offen vor Ihnen wie ein reiner Krystall — sehen Sie darin einen unfreundlichen Gedanken, Herr Hilmer? Finden Sie ein Arges, Herr Malte?"

Hilmer wandte sich ab und sah zum Fenster hinaus — Malte aber, der ehrliche Malte, blickte auf die Brust des frommen Mannes und schüttelte verneinend die langen blonden Locken — er hatte nichts Arges gesehen, der gute Malte.

Herr Smith richtete sein Auge betend auf das Glasfenster in der Ladenthür — und hielt die gefalteten Hände unter das Kinn — plötzlich zuckte er zusammen, als wenn ihn eine Viper gestochen hätte, der leidende Ausdruck im Gesicht verschwand und tiefes Entsetzen sprach aus seinen Zügen. Die Thür öffnete sich, und ein Mann im schwarzen Frack, den Hut im Nacken, den Kautaback hinter der rechten Backe, trat herein.

„Mister Smith in? Ist Herr Smith im Laden?" fragte der Herr, der durch das grelle Sonnenlicht geblendet den Gesuchten nicht gleich in dem düstern Laden erkannte.

„Wie geht es, Harrison?" fragte Smith mit einer trockenen Stimme. Wie gehts, mein theurer Herr?"

„Well, so, so — ich möchte Sie einen Augenblick allein sprechen, Smith — Herr Malte? Freut mich; Ihre Bekanntschaft zu machen, mein Name ist Harrison, Captain George Washington Daniel F. Harrison. Freue mich, Sie wohl zu sehen — nur auf einen Augenblick, Smith."

Malte zog seine Hand aus der des Captains und stellte sich neben Hilmer ans Fenster, der leise vor sich hinpfiff und die Melodie mit dem Stiefel accompagnirte, indem er ihn ganz ohne Rücksicht auf die Sohlen gegen einen Nagel im Fußboden anstieß.

„Was willst Du, Harrison?" fragte Smith — „komme nicht so früh am Morgen her, es möchte auffallen".

„Was ich will? Geld, mein Freund — brauchst mich nie zu fragen, was ich will — ich habe nur eine Bitte an Dich, und diese Bitte heißt: Geld! Weil ich

aber heute doch einmal zum Scherzen aufgelegt bin —
so sage mal — ja Mensch, was fehlt Dir denn —
wie siehst Du aus?"

„Habe mit den beiden jungen Leuten gesprochen;
der Hilmer will nicht aus dem Geschäft."

„Nun, so bleibt er drin. Was weiter?"

„Er will den Malte nicht als Partner eintreten
lassen."

„Will den Malte nicht? Nun?"

„Du fragst noch? Wie soll ich denn Malte's Geld
in die Hände bekommen, wenn er nicht Partner wird!"

„Kaufe den Hilmer aus — zahle ihm eine gute
Summe."

„Er läßt sich nicht auskaufen. Der Deutsche Ein=
faltspinsel ist zu ehrlich — ich glaube, er wittert Un=
rath — ich habe den Menschen vorher nie so ent=
schieden sprechen hören, wie heute."

„Nun und Malte? Läßt sich mit dem nichts unter
der Hand anfangen?"

„Du kennst diese Deutschen nicht. Sie halten zu
fest zusammen — er wird ohne Hilmer's Rath auf
Nichts eingehen."

„Was läßt sich mit Hilmer anfangen? Ich wüßte
wohl ein Mittel — wo wohnt er?"

„In der Schweizerhalle."

„Das ließe sich arrangiren, überlasse Du das mir. Du meinst also, daß Malte in Dein Geschäft eintreten würde, wenn Hilmer austrete?"

Wenn Hilmer verreiste, oder sonst wie verhindert würde, dann glaube ich allerdings, daß ich durch mein Zureden und durch Rosa's schöne Augen leicht zum Zweck kommen würde. Aber Hilmer muß mir nicht im Wege stehen. Dafür mußt Du sorgen."

„Das ist meine Sache. Hast Du Dir Deinen Plan genau überlegt, willst Du mir Rosa überlassen, wenn Du Malte's Geld in Händen hast?"

„Sprich nicht so laut. Es bleibt bei der Verabredung."

„Dann laß mich gehen. Ich brauche Geld, habe gestern Abend Alles verspielt und werde in dieser Woche viel ausgeben müssen."

„Die zwanzig Dollars hast Du schon verthan? Harrison, Harrison, Du bist in Wahrheit ein unersättlicher Mensch. Wie viel brauchst Du? Ich will Dir eine Anweisung an meine eigne Bank geben, damit Hilmer nichts merkt — ich hoffe zu Gott dem Allmächtigen, daß wir uns bald für ewig trennen werden, sonst würdest Du mich zum Bettler machen."

Harrison stocherte mit einem Taschenmesser zwischen den Zähnen, sah Smith mit einem verächtlichen Lächeln

an und erwiderte: „Dann machen wir ein Compagnie=
geschäft im Betteln. Ich glaube, Du würdest einen
ausgezeichneten Bettler abgeben, Smith; Du hast solch
ein allerliebstes Heiligengesicht, daß Dir Niemand eine
Bitte abschlagen könnte. — Doch, mach schnell, schreibe
mir eine Anweisung auf zweihundert Dollars." —

„Das werde ich bleiben lassen."

„Nun dann auf Dreihundert, bist heute ja unge=
heuer liebenswürdig, Smith."

„Mehr als funfzig Dollars kann ich Dir nicht
geben, es übersteigt meine Kräfte, Du bringst mich zur
Verzweiflung, Harrison."

„Drei hundert und funfzig, sagst Du? Das wird
genügen. Habe mir ohnedies schon längst eine „Spree"
gönnen wollen. Was hat denn der Hilmer, der Mensch
sieht uns so verstohlen an — schreibe Deinen Wechsel
und laß mich gehen."

Smith schrieb eine Anweisung auf hundert Dollars,
und als er eben im Begriff war, sie Harrison zu über=
geben, näherte sich Hilmer und fragte, ob er Geld
wünsche — es sei Geld in der Casse.

„What is de matter?" fragte Harrison, indem
er den Wechsel in seine Brieftasche steckte. — „What
do you mean?"

„Ich dachte, daß Herr Smith Ihnen eine Zahlung

machen wollte, wie er es schon öfter gethan hat, und wollte ihm sagen, daß Geld in der Casse vorräthig sei. Ist Ihnen das unangenehm, Herr Harrison?"

„Not at all" — nicht im geringsten, mein Vortrefflicher, und wenn Sie wirklich Geld in der Casse haben, so ersuche ich Sie, mir auf Herrn Smiths Conto hundert Dollars in Gold zu zahlen — Gold oder Missouri Banknoten — bleibt sich gleich."

Ein spöttisches Lächeln flog über das Gesicht Harrisons, während Smith mit einem leidenden Ausdruck den Kopf neigte, und dadurch sein Einverständniß zu erkennen gab. Hilmer holte die verlangte Summe, zahlte sie Harrison aus und trat an den Schreibtisch, um eine Vermerkung ins Hauptbuch zu machen. Da somit an jedem Ende des Ladens ein Zeuge ihres Gespräches stand, sie also ihre Herzensangelegenheiten nicht weiter verhandeln konnten, verabschiedete Harrison sich, indem er den Herren sämmtlich einen guten Morgen wünsch

Smith blickte ihm eine lange Weile, in tiefe Gedanken versunken, nach. Er bemerkte es nicht, daß Hilmer sich ihm näherte und sagte, daß er die hundert Dollars in Gold mit neun und einem Viertel Procent Agio eingetragen und daher das Conto des Herrn Smith mit Einhundert und neun Dollars und fünf und zwanzig Cents belastet habe — sondern murmelte:

10*

„Er muß sterben — mir bleibt keine Wahl!" Wie von dem Funken einer elektrischen Batterie getroffen, sprang Hilmer zur Seite und fragte: „Sind Sie nicht wohl, Herr Smith?"

„Doch, doch — sehr wohl, nur zu wohl — warum fragen Sie?"

„Weil Sie von Sterben sprachen."

„Habe ich von Sterben gesprochen?" fragte Smith erblassend — „ich dachte an meinen seligen Vater — war ein gottesfürchtiger Mann, Herr Hillmer — Sie haben ihn wohl nicht gekannt?"

„Sie sind krank, Herr Smith — Sie sind wirklich unwohl — phantasiren ja im wachenden Zustande. Gehen Sie nach Hause, Herr Smith, soll ich Sie nach Hause begleiten?" fragte der zum Tode erschrockene Hilmer.

„Es ist nichts, es geht schon vorüber. Sie haben mich heute sehr aufgeregt, lieber Hilmer, mir recht in der Seele weh gethan — hatte das nicht von Ihnen erwartet — aber ich vergebe Ihnen, Herr Hilmer — ich will für Sie beten, das ist Alles, was ich thun kann."

Hilmer schwankte zwischen der Furcht, seinem Compagnon Unrecht gethan zu haben und dem Gefühl der tiefsten Verachtung. Hätte Smith nicht gesagt, daß er für ihn beten wolle, so würde er den Verdacht, der in

ihm aufgestiegen war, niedergekämpft und vielleicht in
den Eintritt Malte's in das Geschäft eingewilligt haben.
Er hatte schon eine Anwandlung von Reue in seinem
ehrlichen Deutschen Herzen gefühlt, als aber Smith
ihm versprach, daß er für ihn beten wolle, erwachte
der Verdacht aufs Neue.

Malte, dem die Zeit am Fenster doch wohl zu
lang werden mochte, und der mit Verwunderung zu-
gesehen, wie Hilmer Smiths Hände faßte und ihn
theilnahmsvoll anblickte, trat jetzt auch näher und fragte,
ob Herrn Smith etwas fehle?"

Aufs Neue versicherte Smith, daß er sich wohl
fühle — da er sich aber n i c h t wohl fühlte — ergriff
er seinen Hut und verließ mit einem fromm melan-
cholischen Gesichte den Laden.

„Erzheuchler," brummte Hilmer ihm nach.

„Wer?" fragte Malte.

# IX.

Anna und Rosa saßen Hand in Hand neben einander und erwarteten die Ankunft Maxdorf's, der heute seine erste Stunde geben sollte.

Wer die beiden jungen Mädchen gesehen hätte, wie sie sich mit schwesterlicher Liebe betrachteten und freundliche herzliche Worte an einander richteten, der wäre sicherlich in Versuchung gekommen zu glauben, daß Anna, die Tochter des reichen Kaufmanns in der Mainstraße, kein größeres Glück kenne, als die sanfte und bescheidene Prairierose zu erheitern und mit Liebesbeweisen zu überhäufen. Und doch war dem nicht so. Die egoistische Sinnesart Anna's, verbunden mit dem nativistischen Stolze, der im Verkehr mit ihrem Vater täglich neue Nahrung erhielt, machte sie gegen die Pflegeschwester hart und hochmüthig; sie mußte sich außerdem eingestehen, daß sie von der Natur nur stiefmütterlich bedacht sei, während Rosa ihren Namen mit Recht

trug, und eine wahrhaft bezaubernde Schönheit war.
Die hohe, schlanke Gestalt der schönen Indianerin ver=
einigte eine Rundung der Formen, ein Ebenmaß der
Glieder, eine Weichheit der Haut und einen eigenthüm=
lichen Reiz des dunklen Teints, so daß sie überall, wo
sie auftrat, aller Herzen mit stummer Bewunderung
erfüllte. Fügen wir nun noch hinzu, daß ihr griechisch
geschnittenes Gesicht und ihre wahrhaft edlen Züge
durch einen unaussprechlich weichen, lieblich sanften Aus=
druck belebt wurden, daß aber ihre dunklen feurigen Augen
die leichte Erregbarkeit ihres südlichen Temperaments
errathen ließen, so glauben wir dem Leser dargethan
zu haben, daß die blasse Blondine wohl gegründete Ur=
sache hatte, Rosa als eine gefährliche Nebenbuhlerin
zu betrachten.

Rosa war eine Pflegetochter Smith's und als solche auf
die freundliche Behandlung ihres Pflegevaters und seiner
Tochter angewiesen. Sie hatte keine Verwandte, keine
Freunde, denen sie ihr Herz ausschütten konnte, wenn sie
Wochen= und Monatelang unter den Launen Anna's zu
leiden hatte. Diese Abhängigkeit diente nur dazu, Anna
mit rücksichtslosem Uebermuthe zu erfüllen und sie oft die
Schranken vergessen zu lassen, welche das Zartgefühl dem
weiblichen Herzen gezogen hat. Rosa fügte sich in das Un=
vermeidliche ihrer Lage widerstandslos und nur dann und

wann, wenn sie zu tief in ihrem reinen kindlichen Her=
zen gekränkt und verwundet wurde, senkte sie ihr Haupt,
während ein Strom von Thränen ihren Augen ent=
quoll; nahte sich dann Anna mit einem einzigen be=
sänftigenden Worte, so flog sie der Schwester an die
Brust und küßte mit rührender Dankbarkeit die Lippen,
die ihrem wunden Herzen den tröstenden Balsam ge=
spendet.

Heute saßen die beiden Mädchen im traulichen Ge=
spräche nebeneinander. Anna hatte der Schwester das
Bekenntniß abgelegt, daß sie ihr unrecht gethan, sie
unfreundlich behandelt habe; sie hatte ihr versprochen,
von jetzt an nur Liebe und Güte gegen sie zu sein —
sie hatte ihr zum Beweise ihres Vertrauens, ihrer
Zuneigung gestanden, daß Maxdorf ihr nicht gleich=
gültig sei.

Rosa hatte den lieben, herzlichen Reden ihrer sonst
so kalten Schwester mit freudestrahlenden Wangen ge=
lauscht und mit manchem Kuß der Schwester gedankt
für das süße Geheimniß. Daß Anna Wohlgefallen an
Maxdorf fand, schien ihr ganz begreiflich, denn er war
ein stattlicher, wohlerzogener Mann von angenehmen
Manieren; daß Anna ihn dem freilich herzensguten,
aber eckigen und unbeholfenen Malte vorzog, war ja
auch so erklärlich und natürlich, daß sie gar nicht begriff,

wie Anna auch nur einen Augenblick habe wählen können. An sich selbst dachte sie nicht, die bescheidene Rose der Prairie; wohl fühlte sie ihr Herz lauter und stärker pochen als sonst, aber sie drückte ihre kleinen Hände gegen die Brust, und schrieb das Herzpochen der Freude zu, welche Anna's verändertes Benehmen ihr verursacht habe.

„Ich bin heute nicht in der Stimmung, Unterricht zu nehmen," sagte Anna, — „nur sehen und begrüßen will ich ihn und Dich dann mit ihm allein lassen, liebe Rosa. Er wird wohl schwerlich nach mir fragen — sollte er es aber dennoch thun, so weiß ich, daß meine sanfte kleine Schwester nicht unfreundlich sprechen wird von der armen Anna."

„Du willst mich allein lassen mit ihm," erwiderte Rosa, leicht erbleichend.

„Ich fühle mich zu aufgeregt, ein Spaziergang wird mir wohl thun — überhaupt wird es besser sein, wenn wir abwechseln in unserm Unterricht. Heute nimmst Du eine Stunde und Morgen werde ich eine nehmen. — Hörtest Du nicht Tritte auf der Treppe? — Er kommt."

Maxdorf trat ins Zimmer, begrüßte die jungen Damen mit der, ihm eigenen leichten und artigen Manier, und sagte, getreu der übernommenen Rolle,

der aristokratischen Miß Anna einige Schmeicheleien,
worüber diese in ein solches Entzücken gerieth, daß sie
auf dem Punkte stand, Rosa einen Spaziergang vor=
zuschlagen und für sich die erste Clavierstunde in An=
spruch zu nehmen. Als aber Maxdorf sich ans Piano
setzte und mit großer Geläufigkeit eine Composition zu
spielen begann, die Anna in ihrem Notenbuch aufge=
schlagen und für unüberwindlich schwer erklärt hatte,
mochte doch wohl eine leise Befürchtung in ihr erwachen,
daß ihr Spiel eben nicht geeignet sei, das Herz des
jungen Künstlers zu erobern, und sie wählte den weit
sicherern Weg, durch Rosa die erste Bresche eröffnen
zu lassen.

„Sie wollen uns verlassen, mein Fräulein?" fragte
Maxdorf, als Miß Anna Rosa die Hand reichte und
sich gegen ihn huldreich verneigte — „darf ich Ihnen
nicht zur Seite sitzen und den Tönen lauschen, die Sie
dem Instrumente entlocken?"

„Ich bin verhindert, Sir," erwiderte sie, „Rosa wird
heute spielen, morgen vielleicht werde ich Ihre Geduld
in Anspruch nehmen."

Mit diesen Worten schwebte Anna zum Zimmer
hinaus und bald darauf hörte Maxdorf, wie sie Sally
gebot, keinen Besuch anzunehmen.

Rosa befand sich in keiner geringen Verlegenheit.

Sie war zum erſten Male, ſeit ſie zur Jungfrau er-
blühte, allein mit einem jungen Mann, mit einem Manne,
der ihr ſchon deswegen nicht gleichgültig ſein konnte,
weil ihre Schweſter ihn liebte. Er unterſchied ſich außerdem in jeder Beziehung ſo vortheilhaft von den näſeln-
den Preſbyterianern, die dann und wann das Haus
ihres Pflegevaters beſuchten, und die einzigen Männer
waren, mit denen ſie bisher in Berührung gekommen,
daß er ſelbſt dann einen angenehmen Eindruck auf ihr
Herz gemacht haben würde, wenn Anna ihn nicht mit
all den Tugenden und Vorzügen geſchildert hätte, mit
denen ein liebendes Mädchen den Geliebten nur gar zu
freigebig ſchmückt. Sie fürchtete ſich nicht vor ihm —
im Gegentheil, ſie kannte Niemanden, dem ſie leichter
hätte vertrauen können, und dennoch fühlte ſie eine
Scheu, ein leiſes Beben ihr Herz durchzucken, als er
ſein großes blaues Auge auf ſie richtete und ſie mit
ſeiner volltönenden und doch ſo weichen Stimme fragte,
ob ſie wünſche, daß er ihr etwas vortrüge?

Ohne eine Antwort abzuwarten, ſchob Maxdorf ihr
einen Seſſel vor das Piano und ſtimmte ein deutſches
Lied an, das er mit einer Begeiſterung und Innigkeit
vortrug, die ſelbſt einen weniger parteiiſchen Zuhörer
hingeriſſen haben würde.

„Es ſcheint ein tiefer Sinn in dem Liede zu liegen,“

hub Rosa an — „ich bedauere, die Worte nicht zu verstehen."

Das Lied heißt die „Stiefschwester", der Dichter schildert ein schönes edles Mädchen, das scheinbar ohne Freunde in der Welt da steht, und dem dennoch ein treuer warmer Freund nahe ist. Eine würdige Dame, die durch Armuth gezwungen wurde, das Kind einem frommen Manne zur Erziehung zu übergeben, schickt durch den Freund ein Kennzeichen — eine Art von Stirnband."

Maxdorf sprach diese Worte langsam und zögernd: denn während er das Mädchen mit seinem guten Auge fest anblickte, wechselten Todtenblässe und brennende Fiebergluth in ihrem Gesichte. Bei Erwähnung einer Dame, die ihr Kind einem frommen Manne über-geben habe, erhob sich Rosa mit zitternden Knieen, ein unbeschreiblicher Zug der seligsten Hoffnung flog über' ihr Antlitz — ihre Mienen schienen die Worte Max-dorfs zu verschlingen, und als er aus seinem Busen die Perlenschnur hervorzog, als er sie in die feuchte, kalte, schlaffe Hand des halb ohnmächtigen Mädchen sinken ließ, da entwand sich der gequälten Brust ein Schrei — nicht laut, nicht ohrenzerreißend — und dennoch das innerste Herzblut erstarrend.

„Meine Mutter, o meine Mutter" wimmerte Rosa,

die Perlenschnur mit Küssen ihrer bleichen Lippen be=
deckend."

„Sie lebt und sendet mich," sprach Maxdorf, — be=
ruhigen Sie sich, mein Fräulein."

„Sie lebt? Meine Mutter? meine Mutter lebt
und ich bin — hier? O schnell, schnell, eilen Sie,
führen Sie mich hin, o Gott, meine Mutter, meine
Mutter."

Maxdorf, der jeder ihrer Bewegungen mit fieberischer
Aufregung folgte, erschrak über die plötzliche Veränderung
ihres ganzen Wesens. Sie schrie nicht auf, sie raufte nicht
ihr Rabenhaar, sie eilte nicht leidenschaftlich im Zimmer
auf und ab — nein! Starr und blaß wie eine Mar=
morstatue stand sie vor ihm — die schwarzen feurigen
Augen drohten aus ihren Kreisen zu treten, der Busen
hob und senkte sich leidenschaftlich, die Pulse in ihrer
Schläfe klopften — er glaubte den Schlag ihres Her=
zens zu hören. Einzelne große schwere Thränen stahlen
sich aus dem Auge und rollten langsam über die todten=
blasse Wange.

Umsonst würden wir es versuchen, den Eindruck zu
schildern, den dieser Anblick auf Maxdorf machte. Et=
was so Schmerzlichschönes hätte er nicht für möglich
gehalten; er fürchtete sich vor dem eisigen Bilde und
wurde zu gleicher Zeit entzückt und hingerissen von der

unvergleichlichen Hoheit, die sich in ihren Mienen ausdrückte. Er ergriff ihre Hand und redete ihr zu, Muth
und Vertrauen zu haben; er versprach ihr seinen Bei-
stand und sagte, daß er sie zu ihrer Mutter führen
wolle — aber nicht jetzt — nicht heute — morgen
vielleicht. Er ermahnte sie, ruhig und besonnen zu sein,
mit Anna freundlich zu sprechen, ihr zu sagen, daß er,
Maxdorf, sich nach ihr erkundigt habe — er sprach zu
ihr, wie ein Bruder zu einer Schwester, und während
er sprach, färbte ein leichtes Roth die Wangen des jungen Mädchens, ihr Herz schlug freudiger, ihr Auge ruhte
auf ihm.

„Sie sehen, daß ich wohl unterrichtet bin, theures
Fräulein, da ich sogar von der Unterredung weiß, die
Anna mit Ihnen gehabt hat. Halten Sie mich nicht
für einen Spion — sondern sehen Sie in Allem was
ich thue, nur den aufrichtigen Wunsch, Ihnen — nöthigen-
falls beizustehen. Sie haben Freunde, die für Sie
wachen — das Schicksal hat mich ausersehen, Ihnen
einen ersten Beweis hiervon zu überbringen — darf ich
hoffen, daß Sie mir vertrauen?"

Sie ließ ihre Hand in der seinigen ruhen, widerstandslos — vielleicht auch unbewußt. Als er aber
dringender wurde, als er sie beschwor, sich zu sammeln
und ihm zu sagen, ob er ihrer Mutter sagen dürfe,

daß sie dem Freunde vertraue, den dieselbe ihr gesandt, da schloß sich ihre kleine Hand, ihre zierlichen Finger umfaßten seine Rechte und ein Thränenstrom brach sich Bahn.

Maxdorf benutzte den Vortheil nicht, den der Augenblick ihm gewährte; es war ihm, als wenn eine Heilige des Himmels seine Hand berührte.

„Sie sollten mit mir über Miß Anna sprechen, den Zustand meines Herzens ergründen — ich traue Ihnen nicht, mein Fräulein, Sie möchten mich mißverstehen, wenn ich Ihnen mein Herz öffnete; erst bei näherer Bekanntschaft würde ich es wagen. Sagen Sie dies, bitte, Ihrer liebenswürdigen Schwester, Sie müssen ihr das sagen, Miß Rosa, um keinen Verdacht zu erregen, um sie in guter Laune zu erhalten. Morgen Abend bestehen Sie darauf, allein auszugehen; lassen Sie sich von Sally führen und folgen Sie ihr ohne Zögern. Freunde, treue aufrichtige Freunde werden in Ihrer Nähe sein. Ich werde Sie um sieben Uhr erwarten und Ihnen in angemessener Entfernung folgen. Sie dürfen Sally unbedingtes Zutrauen schenken; sie würde eher ihr Leben lassen, als Sie hintergehen.

Doch, nun setzen Sie sich ans Piano, Miß Rosa, spielen Sie meinetwegen nur einen einzigen Takt — Sie müssen doch auf Befragen Anna's sagen können, daß Sie überhaupt gespielt haben, und das können Sie ja nicht, wenn Sie nicht wirklich wenigstens die Tasten berühren. Sie sehen mir nicht so aus, als ob Sie eine Nothlüge sprechen könnten."

Die arme Rosa sog die freundlichen Worte Maxdorf's mit unverkennbarem Entzücken ein. Seit Jahren, ach, seit vielen Jahren war kein freundlicher Ton in ihr Herz gedrungen, die kalten, heuchlerischen Worte Herrn Smith's, die stolzen, übermüthigen Bemerkungen Miß Anna's konnten wahrlich nicht dem warmen Gefühl eines jungen verwaisten Mädchens genügen. Nur einen Freund hatte sie besessen — einen Canarienvogel, der über ihrem Arbeitstische hing und ihr von Liebe und Freiheit sang — aber der arme Vogel war verschenkt worden, denn sein lautes Schmettern hatte die zarten Nerven Miß Anna's angegriffen.

Wer möchte es daher dem armen verlassenen Kinde verargen, daß es Maxdorf's herzlichem Zuspruche mit dankbarem Ohr lauschte! Sie war jetzt ja kein armes Mädchen mehr — sie war reich, unaussprechlich reich, denn sie besaß eine Mutter und einen Freund, dem sie ohne Zögern die Hand reichen durfte.

Maxdorf setzte sich zu Rosa ans Piano, sie spielte einige Takte, schüttelte aber lächelnd die schwarzen Locken und sagte: „Es geht heute nicht, Herr Maxdorf; erzählen

Sie mir lieber von meiner Mutter. Wie war es mög=
lich, daß man mich im Glauben ließ, daß sie todt sei;
warum hat sie ihr armes Kind nie aufgesucht?"

„Darüber wird Ihnen Ihre Frau Mutter ohne
Zweifel Aufschluß ertheilen können. Es genüge Ihnen,
vorläufig zu wissen, daß Sie sie morgen Abend
sehen werden. Soviel ich weiß, war bittere Armuth
die Ursache, daß Ihre Mutter Sie dem Herrn Smith
überließ, und ich glaube gehört zu haben, daß Sie ihm
auf gerichtlichem Wege als Pflegetochter abgetreten
wurden. Vielleicht hat sich Ihre Frau Mutter ver=
pflichten müssen, Sie nicht zu besuchen, und Herr Smith
hat zu Ihrer eigenen Beruhigung das Märchen von
Ihrer Mutter Tode erfunden. — Wie erkannten Sie
aber so schnell die Perlenschnur, wenn ich mir erlauben
darf, zu fragen?"

„Die Perlenschnur? Habe ich nicht als Kind täglich
diese Schnur an dem Halse meiner Mutter gesehen?
Habe ich nicht halbe Tage mit dieser Schnur gespielt,
wenn Mutter ausging und das Haus hinter mir ver=
schloß? Aber wie ist mir denn? Ich war ja nicht
allein — war nicht ein kleines Mädchen bei mir, etwas
größer und älter als ich?"

„Eine kleine Quadrone — Sarah?"

„Sie wissen es! Sie kennen sie? Sarah! Ja,

das ist der Name — wie sehe ich plötzlich meine ganze Jugend wieder vor mir auftauchen."

„Auch Sarah werden sie morgen sehen; — es geht aber wirklich nicht, Fräulein, versuchen Sie es nur wenigstens, ein einziges Stück zu spielen. Wenn Fräulein Anna jetzt zurückkehrte, so würde sie bald errathen, daß Sie Ihr Versprechen nicht gehalten haben. Spielen Sie, bitte, irgend etwas und erzählen Sie mir von der vortrefflichen Dame, wie alt sie ist, wieviel ihr Vater ihr hinterlassen und wie groß ihre Aussteuer sein wird. Ich interessire mich mehr als Sie glauben für Miß Smith — o ganz außerordentlich — bitte, theilen Sie mir etwas über ihre Vermögensverhältnisse mit."

Rosa gestand lächelnd, daß sie diese Fragen nicht beantworten könne und spielte ein kleines Liedchen, welches Marxdorf sogleich mit seiner wohltönenden Stimme begleitete.

„Vortrefflich, ganz vortrefflich!" rief er. „Sie spielen sehr gut, sehr gut, bitte, wiederholen Sie das Lied, die Melodie ist mir neu."

Wir brauchen kaum dem Leser zu versichern, daß Rosa an der schönen Stimme ihres Lehrers dasselbe Wohlgefallen fand, das er an ihrem Spiel hatte, und daß Lehrer und Schülerin emsig mit der Musik beschäftigt waren, als Miß Anna ins Zimmer trat.

Sie hatte sich prächtig angezogen und mit jener
Grazie gekleidet, welche wir so oft an den amerikanischen Damen zu bewundern Gelegenheit haben. Ein
kleines mit Blumen und Schleifen verziertes Hütchen
stand ihrem bleichen farblosen Gesichte so vortrefflich,
daß sie heute lebhafter und hübscher erschien, als jemals
zuvor. Ein seidenes, mit vielen Falten und Schnüren
besetztes, in reicher Fülle herabhangendes Kleid ließ ihre
Figur im vortheilhaftesten Lichte erscheinen, und ein
reicher Pelzkragen, der nachlässig über die Schultern
geworfen war, gab ihrem eleganten und doch einfachen
Anzuge einen doppelten Werth. Man fühlte sich aber
leider unwillkürlich geneigt zu fragen: „Wieviel der
echte Zobelpelz wohl gekostet habe?"

Miß Anna, der es keineswegs an Verstand fehlte,
hatte mit Einem Blicke errathen, daß ihre „Freundin"
mit Herrn Maxdorf „gesprochen" habe, und da sie
nicht anders glauben konnte, als daß Rosa über sie
gesprochen, so ging sie mit leuchtendem Blicke auf sie
zu und drückte einen herzlichen Kuß auf die gerötheten
Wangen der Pflegeschwester. „Wie ging es mit dem
Unterrichte?" fragte sie, „ist er recht ungeduldig? schilt
unser Professor viel?" (In Amerika ist jeder Lehrer
Professor.)

Rosa versicherte, daß Herr Maxdorf nicht gezankt

11 *

habe, worüber Miß Anna sich außerordentlich erfreut zeigte. „Sie müssen mit Rosa recht freundlich sein, Herr Maxdorf. Sie ist so weich und gut, daß ein einziges Wort sie traurig oder fröhlich machen kann. Nicht wahr, Herr Professor, Sie geben mir die Hand darauf, daß Sie Rosa nicht schelten wollen?"

Maxdorf gab Anna die Hand und versicherte, daß es sein Bestreben sein werde, das Vertrauen der Miß Rosa zu erwerben und zu erhalten.

„Warum sollte sie Ihnen nicht vertrauen?" fragte Anna, „seinem Lehrer muß man immer vertrauen, nicht wahr, Herr Maxdorf? Ich zum Beispiel fühle, daß ich Ihnen Alles anvertrauen könnte."

„Alles?" fragte Maxdorf, indem er das junge Mädchen fest ansah.

„Sie versuchte, verlegen auszusehen und antwortete: „I reckon so."

„Wahrlich, Sie beschämen mich, Miß Anna, und ich fühle mich glücklich, daß eine freigeborne Souverainin mir soviel erweist. — Welch kostbaren Pelz sie da tragen — ich beneide das glückliche Thier, das seinen Pelz hergeben durfte, um diese reizende Schulter zu schützen. — Wie theuer ist wohl solch ein Kragen?"

„Hundert und achtzig Dollars habe ich dafür ge= zahlt. Er ist aber auch echt und hält so warm. —

Papa hat freilich ein wenig gescholten, als ich ihm die Rechnung brachte, aber man kann doch nicht ohne Pelz ausgehen — es gehört nun einmal zur Fashion."

„Gewiß," erwiderte Maxdorf, dem es Freude machte, mit der eleganten Aristokratin über den Preis ihrer Kleider zu sprechen, sich aber doch schämte, in Rosa's Gegenwart das Gespräch fortzusetzen.

„Was habt Ihr denn gespielt?" fragte Anna, Rosa neckisch auf die Wange schlagend; „Gott, ich fürchte mich so vor dem Notenlesen."

„Wir haben nur unbedeutende Sachen durchgespielt; Fräulein Rosa hat die Güte gehabt, ein Lied zu begleiten — es lag mir besonders daran, ihr Zutrauen zu ihrem Lehrer einzuflößen, und ihre natürliche Schüchternheit zu besiegen. Ich glaube, daß mir dies gelungen ist?"

„Ich will es nicht läugnen, daß Sie mein Zutrauen gewonnen haben," sagte Rosa, indem sie Maxdorf die Hand reichte, „und ich danke Ihnen für das, was ich in der ersten Stunde gelernt habe."

Maxdorf hielt diesen Augenblick für geeignet, sich zu empfehlen, denn er sah, daß Rosa Ruhe und Fassung genug hatte, Anna's unvermeidliche Fragen zu beantworten, ohne sich eine Blöße zu geben. Er reichte den beiden jungen Mädchen die Hand, und es schien ihm, daß Rosa den Druck seiner Finger leise erwiderte. Gern hätte er sich durch einen neuen Versuch überzeugt, ob er sich geirrt, — da dies aber leider nicht möglich war, verabschiedete er sich. Als Sally die Thür zur Vordiele öffnete, flüsterte er ihr zu. „Morgen Abend um sieben bringe Miß Rosa zur Madame." — Sally riß die großen schwarzen Augen weit auf und erwiderte: „Yes, Sir."

# X.

Maxdorf betrat die Straße in einem Zustande der höchsten Aufregung — er war von der Indianerin bezaubert — und jetzt, wo er nicht mehr neben ihr saß, ihre kleine niedliche Hand nicht mehr in der seinigen hielt, begriff er es kaum, daß er diese kleine niedliche Hand nicht mit Küssen bedeckt habe. Seine Seele hatte nur für einen Gedanken Raum. — Er hörte und sah nicht, was um ihn vorging, und wäre in seiner Zerstreutheit mit dem Kopfe gegen einen Omnibuswagen angelaufen, wenn nicht Hilmer und Malte gerade aus dem Omnibus ausgestiegen und ihm in den Weg getreten wären.

Hilmer, der von den Vorgängen im Laden noch immer sehr erregt war, packte Maxdorf leidenschaftlich am Arm und flüsterte ihm zu: „Heuchler — Lump — Harrison war auch da, hat Geld bekommen — bin fest geblieben wie Eisen, — wollte mich auskaufen — Lump."

Auf der andern Seite wackelte Malte; auch er hatte Maxdorf am Arm gepackt und fragte: „Warst Du da? Sie ist famos? Sage Max, ist sie nicht ganz famos?"

Maxdorf drehte den Kopf von einem Freunde zum andern und antwortete auf Malte's Frage: „Bestie!" während er Hilmer zuflüsterte: „Pure Unschuld, rein wie der Aether."

„Bestie! Unschuld! Aether!" riefen die beiden Freunde auf Einmal, indem sie erstaunt stehen blieben. — „Wer ist eine Bestie? Wer ist Unschuld? Wer ist Aether?"

Maxdorf blickte die Beiden verwundert an, faßte sie aber schnell unter den Arm und sagte: „kommt, laßt uns zum Essen gehen — Eure Thierbude oder Boardingshaus ist ja wohl hier in der Nähe und es wird Fütterungsstunde sein — kommt, dort leuchtet ja der Schweizerbub — um's Himmels Willen, verschont mich mit Euren fragenden Gesichtern."

Mit diesen Worten bog er, gefolgt von seinen beiden Freunden, in die Schweizerhalle ein und eilte in den Speisesaal, wo der „Barkeeper" (Aufwärter) in Hemdärmeln und weißer Schürze die Gäste bediente. Die Wirthin zur Schweizerhalle stand in dem Renommee, daß sie die besten Leberknödel, das vorzüglichste Sauerkraut und unvergleichliche Bratwürste auftische, und diesem

Umstande hatte sie es mehr, als dem „Salvatorbier"
des Herrn Börnstein zu verdanken, daß außer ihren
regelmäßigen „Boarders" auch andere Herren Mittags
in der Schweizerhalle vorsprachen, um „etwas Ordent=
liches" zu essen. Diese zufälligen Gäste waren dem
Schweizerbuben lieber und werther, als die regelmäßigen
Boarders, denn sie bezahlten nach genossener Mahlzeit
in baarer Münze, würfelten auch wohl um eine Flasche
Catawba oder eine Bouteille Rüdesheimer — während die
regelmäßigen Boarders leider sehr unregelmäßige Zahler
waren, einen erschrecklichen Appetit hatten und eine un=
verkennbare Vorliebe für Wasser an den Tag legten.

Dies war aber nicht der einzige Unterschied zwischen
den ambulanten und stabilen Gästen des Schweizer=
buben, und der wesentliche — wenigstens für den po=
litisch leicht erregbaren Schweighauser — wesentliche
Vorzug der zufälligen Boarders bestand darin, daß sie
die Tagesbegebenheiten besprachen, während die Clerks
nur von den Preisen der Baumwolle, des Rohzuckers
und der Hafergrütze zu erzählen wußten. Schweig=
hauser lag aber an diesen Preisen sehr wenig, desto
mehr aber an der Politik.

„Politik erfreut des Mannes Herz," pflegte er zu
sagen, wenn er die ungeheure Schnupftabakdose auf dem
Schenktisch öffnete — sie war festgeschraubt, diese Dose.

Politik erfreut des Mannes Herz — mich soll's nur wundern, was jetzt geschieht? Der Süden hat re-bellirt, der Mississippi ist bedroht, Texas tritt aus, Lincoln hat weder Geld, noch Soldaten, noch Offiziere, noch Courage, noch sonst irgend etwas — mich soll doch verlangen, was geschieht!"

„Was wird geschehen," antwortete ein dicker Herr in einem mausgrauen Ueberrock. „Fertig sind wir — die Geschichte ist vorbei und wir fangen ein neues Lied an."

„Wer ist fertig, was ist fertig?" fragte ein kleiner schiefgewachsener Mensch, der seinen eigenen Kopf ver-loren und dafür einen neuen geborgt zu haben schien und bisweilen ängstlich mit den Händen nachfühlte, ob der Kopf auch noch fest sitze. — „Ich frage, wer ist fertig? Die Republik ist unvergänglich, unverwüstlich, unsterb-lich, unvergleichlich! Ja, ich sage unvergleichlich! Wer will behaupten, daß sich irgend etwas, das bestanden hat, besteht und bestehen wird, mit dieser glorreichen Republik vergleichen ließe? Ich frage, wer?" der kleine Mann hob sich auf die Zehen und schlug mit der ge-ballten Faust in die Schnupftabacksdose statt auf den Tisch.

Der Mausgraue wischte sich den Schnupftaback aus den Augen und sagte: — „Mit Ihnen ist es schwer

über Politik zu sprechen, weil Sie einer bestimmten
Partei anhangen und für unbedingte Volkssouverainetät
schwärmen. Sagen Sie mir aber doch gefälligst, welchen
Einfluß diese ungebundene Freiheit auf das sittliche und
moralische Gefühl des Volkes gehabt hat. Ich halte
hier in meiner Hand eine Zeitung, in welcher nicht
mehr und nicht minder als sieben Mordthaten der letzten
drei oder vier Tage verzeichnet sind. Hier in der Stadt
ist eine alte Dame ermordet, in Stücke geschnitten und
in einen Abzugskanal geworfen — dort sind zwei Damen
nackt ausgezogen und mit warmem Pech begossen — hier
wieder ist ein Greis lebendig verbrannt — ein Knabe von
funfzehn Jahren begeht Nothzucht und schneidet dem
Mädchen die Kehle ab."

„Und das schieben Sie der Freiheit in die Schuhe?
In Deutschland ermorden die Fürsten ihre Unterthanen
— und kein Mensch spricht ein Wort darüber — aber
wenn hier das freie Volk in übersprudelnder Kraft ein=
mal über das Ziel hinausläuft, o, dann habt Ihr Pessimi=
sten immer das große Wort und läutet mit allen Glocken."

„Ich läugne, daß die deutschen Fürsten ihr Volk
morden — ich läugne das ganz entschieden," erwiderte
der Mausgraue. „Sapperlot, ich habe gegen sie ge=
fochten und wollte, daß ich morgen wieder gegen sie
ziehen könnte — aber ich leide es nicht, daß man sie

Mörder nennt. Das Gesetz giebt ihnen die Gewalt
in die Hand und das Recht, die Gewalt zu gebrauchen;
es mag unklug sein, von einer solchen Gewalt Gebrauch
zu machen, aber es ist falsch und schlecht, die Fürsten
deswegen Mörder zu nennen."

Der Schweizerbube schielte von einem Redner auf
den andern und wiegte sich vergnügt in den Hüften.
„So ist's recht, Kleiner, drauf los, Kleiner, gieb's ihm
wieder."

„Ja, laß ihn nur sein Gift ausspeien," lachte der
Mausgraue — „ich kümmere mich nicht darum. Was
wahr ist, muß wahr bleiben. Aus der Geschichte hier
kann nichts Gutes entstehen. Niemand will gehorchen,
Niemand respektirt das Gesetz, Alle wollen befehlen und
rauben und reich werden — sagt mir doch, wo das
hinaus soll! Da hat der Kriegsminister siebzehn Millionen
unterschlagen — hier läuft der Stadtcassirer mit anderthalb Millionen davon — die Officiere gehen zu den
Rebellen über und brechen ihren Eid — im Congreß,
im Senat, in den Landesversammlungen prügeln sich
die Abgeordneten, sie disputiren mit dem Revolver in
der Hand — Banken entstehen und verschwinden,
Millionen über Millionen werden vergeudet — nun
sagt mir doch einmal, ob das Recht ist? Die Stadt
Newyork zahlt einundzwanzig Millionen Dollars Ab-

gaben! die Stadt sage ich, die eine einzige Stadt zahlt funfzig Millionen Gulden Steuer — hört denn da das Ende nicht auf! Und wir hier in Saint Louis, müssen wir nicht an vier Millionen aufbringen? Sagt mir doch ums Himmels Willen, wo das Geld hingeht.

Wenn wir noch etwas dafür hätten, Schutz des Lebens und Eigenthums, Ruhe und Friede, nun, da könnte man am Ende in den sauren Apfel beißen. Aber nein, die Mörder laufen frei auf den Straßen umher, während die Zeugen im Gefängniß verkommen, und kommt es unter zehn Fällen einmal zu der Verurtheilung eines Mörders, so begnadigt der Gouverneur den Hallunken, damit er aufs Neue gegen die Gesellschaft wüthen kann. Ich sage Ihnen, meine Herren — es ist in Asien sicherer und besser als hier, und Sie werden noch curiose Dinge erleben von der Volkssouverainetät."

„Sind Sie jetzt fertig?" fragte der kleine Mann, der ungeduldig hin und her trippelte und seine Opponenten mit giftigen Blicken maß.

„Fertig? Nein, noch lange nicht — ich könnte ein halbes Jahr lang Beispiele aufführen — aber ich habe es satt — geben Sie mir ein Glas Bier, Herr Schweighäuser."

„Nun, Sie haben es also satt — ich will Ihnen

einen guten Rath geben. Wenn es Ihnen hier nicht gefällt, so gehen sie wieder, wo sie hergekommen sind, Sie möchten sonst einmal der „Minuteböhs" in die Hände fallen, und eine vertrauliche Bekanntschaft mit Theerquasten und Hühnerfedern machen. Soll unangenehm sein — soll sehr unangenehm sein, hehehe!"

„Wenn es überhaupt der Mühe werth wäre, mit Ihnen zu sprechen, so könnte Ihre freundschaftliche Warnung mir gerade dazu dienen, Ihnen den scheußlichen Standpunkt zu zeichnen, den unser souveraines Volk eingenommen hat. Federn und Theeren, lebendig Verbrennen — Grausamkeiten, vor denen die Hölle erröthet — das sind Eure Lieblingsmittel, um Jeden zum Schweigen zu bringen, der nicht mit Euch in die alte Blechtrompete stößt, mit der Ihr den Ruhm und die Glorie des Amerikanischen Adlers in die Welt hinaus posaunt. Haben Sie es nicht neulich gelesen, womit ein Deutscher den Amerikanischen Adler verglich? Er nannte ihn den Bastard eines Haushahns und eines Aasgeiers — der Mann hatte Recht." — Der Mausgraue zahlte für das genossene Bier und schritt trotzig zur Thür hinaus.

„So ganz unrecht hat der Herr nicht," sagte der Wirth — „es ist nicht zu sagen, was aus uns werden soll, denn wir haben keine Regierung und keine Obrigkeit."

„Braucht man denn eine Regierung?" frug der kleine Mann — „Sackerment, emancipiren Sie sich doch — wozu brauchen wir eine Regierung? Sklaven müssen regiert werden — das ist richtig — aber freie Bürger? Lächerlich! Wir werden nicht eher Ruhe haben, als bis alle Regierungen vernichtet, bis alle Regenten an die Laternen gehängt sind — dann erst wird das Morgenroth der Freiheit leuchten, und auch bei uns wird Friede und Ruhe wiederkehren. Schreiben sie das Glas Bier auf — habe kein Kleingeld bei mir —"

Mit diesen Worten verschwand der „Sohn der Freiheit" und eine andere Gestalt drängte sich an den Schenktisch und fragte in englischer Sprache, ob noch Platz im Hause sei für einen Boarder. Schweighauser mußte die Frage bejahen, erinnerte aber den Herrn daran, daß hier nur Deutsche wohnten, daß es ihm also kaum gefallen könne unter den jungen Leuten, die nur ihre Muttersprache redeten. Der fremde Herr versicherte, daß er die deutsche Gesellschaft über Alles liebe, zahlte eine Zehndollarnote Eintrittsgeld und gab seinen Namen als John Harrison an. Kaum hatte er seinen Namen in das Buch eingetragen, als er in das anstoßende Speisezimmer trat und sich Hilmer und dessen Freunden gegenüber niederließ.

„Ein merkwürdig schöner Tag," sagte er, indem er

sich setzte, „ein ganz außerordentlich schöner Tag, wirklich einer der schönsten Tage des ganzen Jahres. Freut mich, Sie wohl zu sehen, meine Herren. Herr Malte, wie befinden Sie sich? Wie geht es Ihnen, Herr Hilmer? Wie geht es Ihnen, meine Herren? Er bemühte sich, diese höchst wichtigen Fragen mit einer feinen diplomatischen Miene auszusprechen; ein leichtes Lächeln spielte um seinen Mund, eine ernste Falte zog sich von den Nasenlöchern bis in die Gegend der Ohren, der Kehlkopf hüpfte ein- oder zweimal schäkernd auf und ab — es war nur zu deutlich, daß diese alltäglich scheinende Frage nach dem Befinden der beiden Angeredeten im Speciellen und der übrigen Herren im Allgemeinen einen tiefen verborgenen Sinn hatten. Für einen weniger Eingeweihten entbehrten sie allerdings jedes diplomatischen Salzes und bedeuteten eben nichts, als eine gewöhnliche Redensart; — für einen Eingeweihten aber, wie zum Beispiel für Maxdorf, waren sie ein leiser Warnungsruf, auf seiner Hut zu sein. Da aber Maxdorf wohl wußte, daß ihm persönlich keine Gefahr drohe, daß es also auf einen seiner beiden Freunde abgesehen sein müsse, murmelte er ihnen leise zu: „Nehmt Euch vor dem Menschen in Acht, er hat Böses im Sinne.“

Harrison beschäftigte sich scheinbar höchst angelegentlich

mit der Anatomie eines Schweinsfußes, der mit
Erbsenbrei und Sauerkraut zugedeckt vor ihm lag, fand
aber trotz seiner anatomischen Versuche Zeit, einen forschenden Blick auf Malte und Hilmer zu werfen, und
da er aus der Bewegung, welche auf Maxdorf's Warnung folgte, schließen durfte, daß Maxdorf eben nicht
in allzu erhabenen Ausdrücken sein Lob gespendet habe,
so beehrte er ihn mit einem speciellen „How do you
do, Sir?" welches ins Deutsche übersetzt ungefähr so
viel hieß wie: „Warten Sie, mein Lieber, ich werde
Ihnen die Warnung vergelten."

Auf eine so freundliche Anrede gehörte eine passende
Antwort und Maxdorf legte in die Worte: „I am well,
Sir, how are you?" eine so höfliche Versicherung,
daß er auf Alles vorbereitet sei, daß Harrison mit einem
einzigen kühnen Schnitt den Schweinsfuß in zwei gleiche
Theile zerlegte, und erst als dieses schwere Werk vollbracht war, nach seinen drei deutschen Freunden hinüber-
schielte.

Die Deutschen waren nun freilich noch immer da,
aber es hatte sich ein kleines unscheinbares Wesen zu
ihnen gesellt, oder richtiger gesagt, neben sie gesetzt —
ein ganz unscheinbares Wesen, das sie mit dem Ausdruck großmüthigen Mitleids betrachteten, während Harrison nicht nur den Schweinsfuß und die Deutschen,

sondern die ganze Welt um sich her zu vergessen und nur für das kleine Wesen Augen zu haben schien.

Der kleine Mann war offenbar stumm, denn er verständigte sich dem Aufwärter durch Zeichen, und als dieser nicht gleich seine Wünsche errieth, schrieb er auf eine kleine Tafel, die er in der Brusttasche trug, die Worte Kaffee und Sahne auf. Er schien übrigens Harrison zu kennen oder gar mit ihm befreundet zu sein, denn er verzog den großen Mund von einem Ohr zum andern, schnalzte mit der dicken plumpen Zunge und begann eine lebhafte Zeichensprache. Harrison brummte ihm ein ärgerliches „Glad to see you!" entgegen, man konnte ihm aber deutlich ansehen, daß er in seinem Innern dachte: „Was mag den Menschen hierher bringen? Sollte er mir aufpassen wollen?"

Der kleine Mann zog seinen Mund zusammen, schloß das linke Auge und riß das rechte so weit auf, daß es die ganze Hälfte des Gesichts einnahm — eine Pantomime, die wir uns nicht erkühnen wollen, zu enträthseln.

Es war nur zu deutlich, daß Harrison heute keinen Geschmack an dem Essen des Schweizermahlis fand, er schob den Teller von sich, stocherte mit der zweizinkigen Gabel zwischen den Zähnen, schlug ein Bein über das andere und wiegte sich auf seinem Sessel hin und her.

Als ihm dies zu langweilig wurde, zog er sein Taschen=
messer hervor, schnitt ein Stück von der Stuhllehne ab
und fing an mit einer Emsigkeit zu schnitzeln, die man
in dem langsamen bedächtigen Yankee gar nicht gesucht
haben würde.

„Der Kerl hat etwas vor," sagte Maxdorf. „Malte,
hast doch nicht Dein Geld schon gehoben?"

„Nein," antwortete Malte. „Warum frägst Du?"

„O, ich meinte nur, daß es vielleicht nicht ganz
sicher sein möchte. Du hast also einen Wechsel. Wo
hast Du den Wechsel, Malte?"

„Wo werde ich ihn haben — in meiner Brieftasche."

„Gieb mir die Brieftasche, nur auf einige Tage;
Du traust mir doch, Malte?"

„Wie magst Du nur fragen — natürlich; glaubst
Du aber wirklich, daß sie bei Dir sicherer sein würde,
als bei mir?"

„Herr Maxdorf hat recht, mein lieber Malte," eiferte
Hilmer, „geben Sie ihm den Wechsel, ich bin Zeuge; geben
Sie ihm den Wechsel unter jeder Bedingung. Ich fange
wirklich an zu fürchten, daß man Ihnen auflauert."

„Das wäre ja schrecklich," sagte Malte, „hier in
einer großen wohlgeordneten Stadt."

„Wo täglich Mord und Todtschlag vorfallen. —
Geben Sie ihm den Wechsel; ich habe eine Unruhe,

seit der Mensch uns unverwandt anglotzt, wahrhaftig, ich fürchte mich vor dem teuflischen Blick und dem unheimlichen Lächeln dieses Kerls."

Malte ließ sich leicht bereden, dem Freunde die Brieftasche zu übergeben; dieser überzeugte sich erst, ob der Wechsel auch noch darin enthalten sei, und als er ihn in optima forma vorfand, steckte er das ihm anvertraute Gut in die Brusttasche und knöpfte den Rock fest zu. Ein leises Lachen, das wie das Klappern von Castagnetten klang, entwand sich der Kehle des kleinen Stummen, der schnell eine ganze Semmel in den Mund steckte, um das Castagnettengeräusch zu unterdrücken.

Ueberrascht blickte Maxdorf das unglückliche Geschöpf an, aber das kleine Wesen hielt den forschenden Blick so sicher aus und zeigte ein so ehrliches offenes Gesicht, daß es Todsünde gewesen wäre, auch nur eine Secunde lang an seiner Redlichkeit zu zweifeln. Hätte Maxdorf aber die Züge seines vis-à-vis gemustert, so würde er einem lauernden Blicke begegnet sein, der nichts Gutes verhieß.

„Sehen Sie den Menschen nur an," sagte Hilmer, „er möchte Ihnen die Brieftasche mit den Augen aus der Tasche stehlen — mir graut aufrichtig vor ihm. Erst heute morgen habe ich ihm hundert Dollars bezahlen müssen, Smith hat ihm außerdem einen Wechsel ausgestellt — es ist wahrlich an der Zeit, daß der Mensch entlarvt wird."

„Wer hat hundert Dollars bekommen?" fragte Malte.

„Niemand; bekümmere Dich um nichts, mein lieber Malte und halte Dein Herz frei von Geheimnissen, die Dich nur unglücklich machen würden. Später erfährst Du Alles. Doch seht, unser tugendhafter Freund erhebt sich — es ist heute Mayors-Wahl — wahrscheinlich will er seine werthvolle Stimme noch abgeben.

„Wenn Taylor gewählt wird, dann Gnade uns Allen Gott," sagte Hilmer. „Er hat den Auswurf der Stadt auf seiner Seite und wird sämmtliche Halunken zu Polizeidienern machen. Als ich vorhin über die Straße ging, sah ich drei Menschen tödtlich verwundet vorüber tragen. Wie viele friedliche Bürger würden erst ermordet werden, wenn der — dem Südbunde freundlich gesinnte Taylor Chef unserer Polizei wäre."

„Der Gedanke riecht nach Blut," erwiderte Maxdorf; „mir kommt es immer vor, als ob eines schönen Tages ein allgemeines Gemetzel ausbrechen könnte. Kommt, laßt uns eine Partie Domino spielen und dort in der Ecke eine Tasse Kaffee trinken."

In diesem Augenblicke drang eine Schaar von

tobenden, lärmenden und kreischenden jungen Männern
ins Gastzimmer. Es waren lauter eingeborene Amerikaner, rohe, wüste Gesellen, die mit zerrissenen Kleidern
und eingedrückten Hüten renommirten, lange Schlachter-
messer schwangen und die schrecklichsten Flüche gegen
die „Dutchman" ausstießen.

„Common boys!" rief ein langer hagerer Kerl.
„What will you take?"

„Whisky!" brüllte die Rotte, „Whisky and
hurrah for Taylor! God damn the Dutch!"

„Halt!" sagte der Wirth, „Ruhe! ich leide keinen
Lärm hier in meinem Hause."

„Schlagt den Hund nieder!" riefen mehre Stimmen.
„Will der deutsche Hund auch noch das Maul auf-
machen? Reißt ihm die Gurgel aus dem Halse!"

Der Wirth und Carl, der Aufwärter, zogen ihre
sechsläufigen Revolver, retirirten sich hinter den Schenktisch und riefen: „Wir warnen Euch! Der Erste, der
uns anrührt, ist ein Kind des Todes!"

Die anwesenden Deutschen machten sich aus dem
Staube, denn leider verkennt der Deutsche in der
Fremde sowohl wie in der Heimath die Kraft, die er
besitzt, nur Maxdorf mit seinen beiden Freunden be-
schlossen, dem Wirth beizustehen, falls es zu einem
Kampfe kommen sollte. Zu ihrem Erstaunen schloß sich

ihnen der kleine Stumme an; er zog einen Revolver
aus der Tasche und drückte ihn Maxdorf in die Hand,
für seine eigene Vertheidigung zog er ein langes Stilet
aus dem Stiefelschaft hervor und schwang es mit einem
Unheil verkündenden Grinsen.

Kaum fühlte Maxdorf die Waffe in seiner Hand,
als er mit einem schnellen Sprunge neben dem Wirthe
stand und ihn versicherte, daß er ihm auf Leben und
Tod beistehen würde. Die Amerikaner waren für einen
Augenblick durch die entschiedene Haltung der Deutschen
eingeschüchtert und schienen unschlüssig, ob sie ruhig ab-
ziehen oder dem „Dutchman" die Gurgel abschneiden
sollten. Da fiel plötzlich aus dem dichtgeschlossenen
Haufen ein Schuß, der den Wirth zu Boden streckte,
aber in demselben Momente röchelte der Mörder unter
der eisernen Faust des stummen Zwerges, der ihm den
Dolch bis ans Heft in das Herz stieß.

Wie wilde Bestien stürzten die Amerikaner auf den
Zwerg und würden ihn trotz der unglaublichen Kraft,
mit der er seine Angreifer zurückschleuderte, unfehlbar
getödtet haben, wenn nicht Maxdorf und der Aufwärter
ihm zu Hülfe gekommen wären. Sie feuerten schonungs-
los auf die Mörderbande und schlugen, als die Revolver abgeschossen waren, mit den Kolben drein. Auch
der sonst so friedliche Hilmer ergriff eine Feuerzange

und focht mannhaft gegen die Rowdies. Drei Menschen
lagen todt auf der Erde, mehre waren schwer verwundet,
die übrigen entflohen auf die Straße und brüllten:
„Hurrah for secession, damn the dutch!“ *)

„Seht nach Schweighauser!“ rief der Barkeeper,
„ich will einen Arzt holen, vielleicht ist er noch zu
retten.“

Schnell eilte Maxdorf hinter den Schenktisch, wo
er den Wirth in seinem Blute schwimmend fand. Die
Kugel hatte die linke Schulter zerschmettert, das Blut
strömte aus der Wunde. Der eilig herbeigerufene Arzt
erklärte die Wunde für nicht absolut tödtlich und ließ
das bewußtlose Opfer der Volkssouverainetät durch die
drei deutschen Freunde die Treppe hinauf tragen und
aufs Bett legen. Es drangen jetzt eine Menge Neu=
gieriger in die Gaststube, unter ihnen einige Polizei=
diener, welche die Todten und Verwundeten auf einen
Wagen luden und nach dem City=Hospital beförderten.

Während dieser Vorgänge hatte Harrison ruhig
hinter dem Ofen gestanden und sich mit Gemüthsruhe
die Hände gewärmt. Nur als Maxdorf einen Augen=
blick in Gefahr war, von einem breitschultrigen, wild
aussehenden Rowdie erstochen zu werden, richtete er sich

---

*) Taylor wurde im Frühjahr 1861 zum Mayor gewählt.
Drei Menschen wurden am Wahltage ermordet, sieben verwundet.

hoch empor und blickte mit höhnischem Grinsen auf die geschwungene Mordwaffe — als aber in derselben Secunde Hilmer einen kräftigen Hieb auf den Kopf des Bösewichts führte, nahm er seine frühere Stellung wieder ein und schien dem Auftritte keine Aufmerksamkeit zu widmen. Jetzt aber, als die Hausthür geschlossen war, als sich Niemand im Zimmer befand, jetzt schlich er leise hinter den Schenktisch, zog die Schieblade hervor und leerte ihren Inhalt in seine Tasche. Dann kehrte er wieder auf seinen Platz hinter den Ofen zurück, warf sich in einen Stuhl und fing von Neuem an zu schnitzeln.

Man hätte glauben sollen, daß Gerichtsbeamte das Lokal geschlossen, die anwesenden Zeugen vernommen, den Thatbestand zu Protocoll genommen haben würden; aber von alle dem geschah nichts, und getreu dem Grundsatz „wo kein Kläger, ist auch kein Richter," krähte weder Hund noch Hahn nach dem „Auftritt" in der Schweizerhalle. Der Wirth war wieder zu sich gekommen, der Verband war glücklich angelegt und der Arzt versicherte, daß er die beste Hoffnung habe, seinen Patienten wieder herzustellen.

„Ach, mein himmlischer Vater," rief die Wirthin, „wenn der Mann die Politik lassen könnte — aber da muß er mit jedem Lumpen über Secession sprechen und seine Nase in Alles hineinhängen — gewiß ist heute wieder von Politik gesprochen worden, und es hat es Jemand den Rowdies gesagt — denn sonst pflegen die schlechten Kerle ja gar nicht in unser Haus zu kommen."

„Es ist nichts gesprochen worden," stöhnte der Wirth, „als bloß zwischen dem kleinen Watzerl und dem Mergelbauer —"

„Na, wenn der Watzerl nicht an Allem Schuld ist, so dürft Ihr mir gleich die Hand abhacken. — Ja, Niemand als der Watzerl ist Schuld."

Mochte nun Schuld sein, wer immer — drei Rowdies waren todt auf dem Platze, zwei waren lebensgefährlich verwundet und der Schweizerbube lag, gelinde gesagt, in einer sehr kritischen Situation auf dem Bette *).

--- --- ---

*) Dem, mit den Verhältnissen Amerika's unbekannten Leser mag der Gedanke aufsteigen, daß wir uns einer krassen Uebertreibung schuldig machen. Wir benutzen daher diese Gelegenheit, zu versichern, daß wir es uns zur Pflicht gemacht haben, in diesen Blättern nichts zu schildern, was irgendwie übertrieben oder unwahrscheinlich wäre. In dem Augenblicke, wo wir diese Zeilen schreiben, liegen drei Leichen und eine große Zahl schwer Verwundeter als Opfer der schrankenlosen, jeder Moral und jedes sittlichen Gefühls spottenden Rowdies, und nur mit trüber Ahnung sehen wir in die Zukunft dieses so rasch dem Zusammensturz zueilenden Landes, das von der Natur dazu bestimmt war. ein Asyl für friedliche, thätige Menschen zu werden, das von

Als Maxdorf sich überzeugte, daß es für ihn nichts mehr zu helfen gäbe, bat er Hilmer, ihn auf sein Zimmer zu begleiten. „Du gehst auch mit, Malte, ich habe mit Euch zu sprechen," sagte er, indem er Hilmer's Arm faßte und schnellen Schritts über den Corridor eilte.

Kaum hatten die Freunde die Thür hinter sich zu= gemacht, als sie leise und behutsam geöffnet wurde. Sie drehten sich rasch um, und sahen zu ihrem nicht geringen Erstaunen den Stummen eintreten. Er blieb einen Augenblick stehen, blickte Maxdorf bedeutungsvoll an und stieß — anscheinend nachlässig und wie in der Zerstreuung mit dem Zeigefinger der linken Hand gegen die Brust.

„Wer bist Du, räthselhaftes Wesen?" rief Maxdorf — „Du suchst meine Gesellschaft, rettest durch Deine. Tapferkeit und die fast übermenschliche Kraft, die Deinem unscheinbaren Körper inne wohnt, mein Leben und be=

---

seinen großen Männern eine freie Verfassung erhielt, und das trotzdem mit dem Blute gepeinigter Sklaven und friedlicher Ein= wanderer getränkt wird.

Die von uns geschilderte Episode aus dem Leben einer Wahr= sagerin beruht auf einer wahren Geschichte; wir haben uns aber gezwungen gesehen, den Schleier nicht weiter zu heben, welcher über die „Aristokratie" von Saint Louis gebreitet ist, weil wir fürchten mußten, das ästhetische Gefühl unserer Leser — von dem Gefühl unserer Leserinnen nicht zu reden — gar zu tief zu ver= letzen.

weifeſt mir jetzt, daß Du meines Vertrauens würdig
biſt. Sprich — doch, Du kannſt ja nicht ſprechen,
armer Unglücklicher — ſchreibe mir auf, was Du mir
zu ſagen haſt — dies hier ſind Freunde, die Alles
wiſſen dürfen.“

„Alles?“ ſchrieb der Stumme auf ſeine Schiefertafel.

„Nein, nein, nicht Alles. Wünſcheſt Du mit mir
allein zu ſein?“

Der Zwerg nickte.

„Willſt Du hier mit mir verhandeln?“

Der Kleine ſchüttelte verneinend den Kopf.

„Willſt Du mich führen, ſoll ich Dir folgen?“

Wieder nickte der Zwerg, und Maxdorf ergriff
ſeinen Hut, um ihm zu folgen.

„Jetzt nicht, heute Abend um acht Uhr bei der
Cathedrale,“ ſchrieb der Zwerg auf die Schiefertafel,
„laßt mich ſo lange hier bleiben.“

„Was haben Sie mit dem Menſchen vor?“ fragte
Hilmer, dem es heute ganz unheimlich war. „Wie
kommen Sie zu ſolchen Bekanntſchaften?“

„Er iſt mein Vertrauter, laſſen Sie ihn, bitte, hier
Platz nehmen, der arme Menſch fürchtet ſich wahr=
ſcheinlich, den Rowdies in die Hände zu fallen.“

„Ich verſtehe Sie nicht,“ erwiderte Hilmer, „aber
ich vertraue Ihnen und hoffe, daß Sie Ihren Plan

durchführen werden, bestehe dieser nun worin er wolle. Was wollten Sie mit uns sprechen, mit Malte und mir?"

„Ja so — von Harrison. Ich fürchte, daß der Mensch etwas Arges im Schilde führt, ich halte ihn jeder Schandthat fähig und glaube nicht, daß es bloßer Zufall ist, daß er sich heute Mittag uns gegenüber gesetzt hat. Ich wollte Sie beide warnen, auf Ihrer Hut zu sein und unter keinem Vorwande mit ihm ein Gespräch anzuknüpfen, eine Einladung von ihm anzunehmen, oder sonst irgendwie mit ihm in Berührung zu kommen. Namentlich Du, Malte, mußt mir bei Deinem Ehrenworte geloben, unter keiner Bedingung mit dem Kerl zu sprechen. Gelobst Du mir das?"

Noch ehe Malte sein Versprechen ablegen konnte, glitt der Zwerg von der Thür, wo er bisher stehen geblieben war, mitten ins Zimmer, ergriff Malte's Hand, legte den Finger auf die Lippen und blickte unverwandt auf die Thür. Die Freunde standen überrascht, glaubten aber einen leisen vorsichtigen Tritt auf dem Gange zu bemerken und wollten hinauseilen, um zu sehen, wer gehorcht haben könne, wurden aber vom Zwerge zurückgehalten, der schnell seine Schreibtafel herausriß und „Harrison" schrieb.

„Seht Ihr, in welcher Gefahr Ihr seid?" flüsterte

Maxdorf. „Versprecht mir um Eurer selbst willen vorsichtig zu sein."

Die beiden Freunde legten ihre Hände in Maxdorf's Rechte und versprachen, ihm unbedingt zu folgen.

Begebt Euch jetzt in Euern Laden; verseht Euch vorher mit Revolvern, ladet sie aber selbst, traut keinem Menschen und erwartet mich heute Abend spät hier in Euerm Zimmer. Der Kleine wünscht hier zu bleiben, ich verbürge mich für ihn, seid daher unbesorgt.

Mit diesen Worten verließen die drei Deutschen das Zimmer, es dem Zwerge überlassend, sich selbst die Zeit zu vertreiben.

# XI.

Herr Smith war heute frommer und biederer, als gewöhnlich — und das will bei einem so heiligen Manne, wie Herr Smith, etwas sagen. Er hielt ein langes Tischgebet, so daß die Suppe erkaltete — nicht aus Andacht — bewahre — sondern weil das demüthige Gebet kein Ende nehmen wollte. Als es aber dennoch ein Ende genommen, als er „seinen Leichnam fütterte," wie er sich ausdrückte, als er die gerötheten Wangen seiner lieblichen Tochter und die nicht minder lieblichen Wangen seiner Pflegetochter streichelte und den beiden jungen Mädchen anempfahl, den Bruder Fenton predigen zu hören, der ganz speciell vom Himmel herabgestiegen zu sein schiene, um die „Gospel" zu predigen, und dem die Worte wie Honigseim von den heiligen Lippen träufelten in die Herzen seiner Zuhörer — da verbreitete sich wirklich ein Heiligenschein um sein Haupt und er saß da wie Abraham auf den Bilderbogen, mit

dem einzigen Unterschiede, daß er nicht wie der alte
Erzvater einen langen blauen Surtout anhatte, sondern
mit einem frommen schwarzen Frack bekleidet war.
Die weiße Halsbinde liebkoste den langen magern Hals
und sah gar nicht danach aus, als wenn sie gewünscht
hätte, in einen hanfenen Strick verwandelt zu werden
— bewahre! — Sogar die Haare des Herrn Smith
schienen von der Andacht, die sein Herz bewegte, ergriffen; denn sie hingen melancholisch über die Ohren
herunter und ließen hin und wieder einen Tropfen fallen,
den profane Menschen für Schweiß, wir besser Ein-
geweihte aber für Heiligenöl halten.

Leider mußte der fromme Mann die Erfahrung
machen, daß die beiden jungen Mädchen heute wenig
aufgelegt waren, seinen heiligen Gesprächen zuzuhören.
Anna, die neckische Anna hatte nur Sinn für theure
Toilette und bestürmte ihren Vater, daß er ihr einen
neuen Pelzmantel nebst Muff und Handschuhen kaufen
möge; Rosa saß unruhig auf ihrem Sessel und schrak
bei jedem Geräusch zusammen.

„Du sprichst von Pelzmänteln, meine Tochter," sagte
Herr Smith, das Haupt langsam hin und herwiegend
— „hast Du je gehört oder gelesen, daß die Heiligen
Pelzmäntel trugen? Wissen wir nicht vielmehr aus der
Historia, daß der heilige Johannes ein härenes Gewand

anzog, und in demselben die Wüste durchwanderte?
Wie magst Du, meine Tochter, nur Dein Herz so sehr
an das Irdische hangen, daß Du meine frommen gott-
seligen Betrachtungen unterbrichst, indem Du von Pelzmänteln sprichst und anderen Dingen, welche sündlich
sind und viel Geld kosten? Es ist nicht wohlgethan,
meine Tochter, und ich bitte Dich, die Hymne zu lesen,
welche unser Reverend Bruder Fenton zur Warnung
derer gedichtet, welche an den eitlen Tand ihr Herz
hangen, mit dessen Erwähnung Du mein Ohr verletzt hast."

Es war wirklich recht rührend, den gläubigen Schmerz
zu beobachten, der sich in Smiths frommem Gesichte
aussprach; er neigte das Haupt mit einem sanften
Lächeln, die Augen schlossen und öffneten sich in melan-
cholischen Intervallen und die Nase war größer und
ehrfurchtgebietender, als gewöhnlich.

Miß Anna, die nicht gewohnt war, sich durch solches
Mienenspiel von der Verfolgung ihres Zweckes abschrecken
zu lassen, und die durchaus keine Neigung verspürte,
Maxdorf's Vorliebe für Pelzkragen zu bekämpfen, unter-
ließ es nicht, ihrem würdigen Vater die Nothwendigkeit
eines neuen Pelzschmuckes auseinander zu setzen und
machte ihn darauf aufmerksam, daß die Turntails, die
Bigheads, die Gluttons und die Sweetcakes sammt und

sonders neue Einkäufe gemacht hätten — daß es also
ihren aristokratischen Stolz empören müsse, den alten
abgeschabten Pelzkragen noch ferner zum Gespötte der
Welt über die Straße zu tragen. Mit Einem Worte,
sie verlange, ja sie verlange von ihrem Herrn Vater,
daß er ihre gerechte, sehr billige und bescheidene Bitte
erfülle! solle er sich aber weigern, ihr eine Anweisung
auf die Bank zu geben, o, so würde sie sich selbst die
Freiheit nehmen, einen Pelz zu kaufen, und es ihrem
lieben Vater überlassen, die Rechnung des Kürschners
zu zahlen, sie sei eine gute und gehorsame Tochter, das
könne Niemand läugnen, und lebe so eingezogen, daß
es ein förmlicher Skandal sei — aber sie wolle diesem
traurigen Hinwelken ein Ende machen und das Leben
in vollen Zügen genießen.

Es geht den bösen Weiberzungen wie jungen muthigen
Pferden; haben sie das Durchgehen erst einmal glück=
lich zu Stande gebracht, so ist man keinen Augenblick
sicher, daß sie das Experiment nicht wiederholen, und
man muß stets darauf gefaßt sein, Arme und Beine
zu brechen — oder die Hände vor die Ohren zu halten,
und kopfüber aus dem Zimmer zu rennen.

Herr Smith warf seinem Fleisch und Bein einen
trauernden schmerzlichen Blick zu, und eilte so schnell

wie es seine Würde gestattete, aus dem Hause. „Geld und nichts als Geld," brummte er vor sich hin. „Der sündige Mammon bestrickt die Herzen der Menschen — und ich bin die Milchkuh — aber ich werde der Sache ein Ende machen — dieser Harrison muß fort — Hilmer muß fort — Anna muß fort — Alle müssen fort — nur du nicht, du guter Jüngling mit den liegenden Gründen und den Bankdepositen eines ehrenwerthen Oheims — nur du darfst mich nicht verlassen, sondern mußt da bleiben und mein Partner werden." So vor sich hinmurmelnd, durchschritt er die Straßen und verlor sich in einem Seitengäßchen.

Es war indessen Abend geworden und Maxdorf fand sich noch vor Ablauf der bestimmten Stunde vor der Kathedrale ein. Schon mehrmals war er bei dem großen steinernen Gebäude auf und abgegangen; jedesmal hatte er scharf hinübergelugt nach den Treppensteinen und Säulen und immer gehofft, daß die Gestalt des Zwerges sich zeigen würde, aber trotz seines scharfen Blickes hatte er in dem schwachen Lichte, welches eine nahe Laterne auf den Eingang der Kathedrale warf, keine menschliche Gestalt entdecken können. Eine Viertelstunde war bereits verflossen und Maxdorf gab die Hoffnung schon halb verloren, daß der Zwerg sich überhaupt einstellen werde, als ein schlanker, schön gewach-

13*

jener Jüngling sich ihm näherte, ihn scharf anblickte und ihm zuflüsterte: „Folge mir."

„Erst sagt mir, wer Ihr seid," entgegnete Maxdorf, der nach den Vorgängen in der Schweizerhalle volle Ursache hatte, auf seiner Hut zu sein.

„Denkt an Euer Versprechen, mir zu folgen," flüsterte der junge Mensch, „es hängt Tod und Leben davon ab, daß Ihr mich begleitet."

„Auch mein Leben ist in Gefahr — ich gehe keinen Schritt, bis ich weiß, ob ich Euch trauen darf. Wer seid Ihr?"

„Der Jüngling schlang den Arm um Maxdorf's Hals, beugte seinen Kopf herab und flüsterte ihm ins Ohr: „kennt Ihr mich nicht? Ich bin's, Sarah." — Und ohne ihm Zeit zu weiteren Fragen zu lassen, ergriff sie seine Hand und zog ihn die Wallnußstraße hinab nach der Levee. Nur einmal machte sie Halt hinter dem Vorsprunge eines alterthümlichen Gebäudes und fragte: „Sind Sie bewaffnet?" — „Ja," antwortete Maxdorf, indem er die zitternde Hand der schönen Quadrone drückte, „bewaffnet und bereit, Dein und mein Leben zu vertheidigen." Sarah entzog ihm ihre Hand und eilte rasch vorwärts, es immer sorgfältig vermeidend, dicht bei einer Laterne vorbei zu gehen und stets den Blicken der Vorübergehenden vorsichtig ausweichend.

Die Uhr schlug halb neun, als sie vor einem alten,
aus rohen Feldsteinen aufgeführten zweistöckigen Hause
stille stand, aus dessen unteren Räumen wildes, rohes
Gelächter und unanständige Lieder erschollen, die von
einer Clarinette und einer Violine begleitet wurden.
Die Urheber dieser Töne waren offenbar Neger, und
das Haus, vor dem Maxdorf stand, war eine jener
verrufenen Negerhöhlen, in welchen das Laster den Höhe-
punkt erreicht hat, und deren Bewohner wohl nicht mit
Unrecht für die Mörder der häufig im Mississippi ge-
fundenen Menschen gehalten werden, die vom Coroner
als „aus unbekannten Ursachen gestorben," angegeben
und beerdigt werden. Ein leichter Schauder durchrieselte
Maxdorf; aber als Sarah ihm die Hand reichte und
sagte: „Fürchten Sie sich nicht, ich bin bei Ihnen," —
schämte er sich seiner Zaghaftigkeit und erklärte sich bereit, ihr weiter zu folgen.

Sarah öffnete jetzt eine Kellerluke und winkte Maxdorf, hinabzusteigen; sie folgte ihm auf dem Fuße, ließ
die Luke vorsichtig herab und zündete ein Licht an, daß
sie, wie es Maxdorf vorkam, auf der Treppe vorfand.
Leise schlich die schöne Quadrone zwischen den Whisky-
und Biertonnen auf den Kamin zu und zeigte den über-
raschten Blicken des jungen Deutschen eine Strickleiter,
die in den weiten geräumigen Kamin herabhing. Ohne

ein Wort zu sprechen, erstieg sie die Leiter, Maxdorf
vorsichtig das Licht haltend, damit er sich nicht be=
schmutze und kein Geräusch mache. Ein paar Male
hielt sie während des Aufsteigens inne, sie schien zu
lauschen, aber sie hörte nichts als die rohen Lieder aus
der Schnapsschenke und kletterte vorsichtig weiter, bis
sie ein Brett erreichte, welches quer durch den Kamin lag
und einen bequemen Sitz bot. Nur einen Augenblick
hatte Maxdorf seinen Platz neben Sarah inne gehabt,
als er ganz deutliche Schritte vernahm, die offenbar
aus einem Zimmer kamen, durch welches der Kamin
führte.

„Horch," sagte Sarah, „er ist da."

„Wer?" flüsterte Maxdorf, aber die Quabrone
legte ihre Hand auf seinen Mund und verhinderte ihn,
weitere Fragen zu stellen. Sie gab ihm zu verstehen,
daß er sein Ohr an die Wand des Kamins drücken
möge, und zu seinem nicht geringen Erstaunen hörte er
den frommen Herrn Smith in einem Zwiegespräch mit
einer zweiten Person.

„Wann soll es geschehen?" fragte der Fremde in
einem rauhen widrigen Tone.

„Morgen oder übermorgen. Je eher, desto besser."

„Morgen also," erwiderte der Fremde.

„Nehmt ihn aber sicher — Harrison ist stark und

gewandt und außerdem gut bewaffnet. Wollt Ihr nicht lieber einen Gehülfen nehmen? Er möchte Euch allein zu stark sein, und wenn der Streich mißlingt, dann bin ich verloren."

„Sorgt nicht, ich werde ihn sicher fassen. Aber habt Ihr Euch besonnen wegen des Preises? Für den Lewis habt Ihr damals eine wahre Lumperei gezahlt, und doch hatte der Teufelskerl mir eine tiefe Wunde beigebracht."

„Schweigt von dem Menschen," stöhnte Smith — „Ich habe schwer dafür gebüßt, aber Gott hat mir vergeben, und er wird mir auch noch das vergeben, es ist ja nichts als Nothwehr, nicht wahr, Billy, es ist reine Nothwehr gegen den Harrison?"

„Nennt's wie Ihr wollt, ist mir ganz einerlei. Ihr übernehmt die Verantwortung und sorgt dafür, daß mich Euer Vetter, der Gouverneur, begnadigt, wenn die Geschichte ruchbar und ich gefaßt werden sollte. Ihr wißt, daß ich Mittel habe, um Euch an Euer Versprechen zu erinnern, falls Ihr mich vergessen solltet, wenn es soweit käme und ich zu einem Sprung in die Luft verurtheilt würde."

„Ihr habt mein Wort, es soll Euch nicht ein Haar gekrümmt werden."

„Vergeßt nur nicht, daß wir den Preis erst festsetzen müssen. Habt Ihr meinen Vorschlag überlegt?"

„Nein, Billy, nein, wie viel verlangtet Ihr? Seid vernünftig, Billy, und fordert nicht mehr, als ich geben kann."

„Tausend Dollars zur Reise nach Californien und eine hübsche Farm, sagt dreitausend Dollars, ich hoffe damit ein ehrliches Leben anfangen zu können. Gebt mir fünfhundert Dollars Handgeld, den Rest zahlt Ihr mir nach der That — ist Euch das recht, so sind wir einig, sonst müßt Ihr Euch lieber nach einem Andern umsehen."

„Und wenn die That mißlingt?"

„Dann habt Ihr fünfhundert Dollars verloren und ich fünfundzwanzighundert — mir scheint das ein sehr reelles Geschäft zu sein, bei dem ich weit mehr verlieren kann, als Ihr."

„Und Hilmer — was geschieht mit meinem Partner? Er muß auch verschwinden. Hört Ihr, verschwinden. Wie wäre es, wenn Ihr ihn überredetet; doch nein, das geht nicht, es ist ihm schwer beizukommen. Ihr müßt Hilmer mit in den Kauf nehmen, wie Ihr es macht, soll mir einerlei sein, aber Hilmer und Harrison, beide müssen fort, mir aus dem Wege."

„Und wie viel könntet Ihr auf sein Verschwinden setzen?"

„Für Beide dreitausend Dollars, es ist Alles, was

ich bieten kann; bedenkt Billy, dreitausend Dollars, eine
Masse Geld, Billy, der Toni thäte es für weniger."

„Was, der Toni! der elende Kerl, der den Pastetenbäcker
erstochen hat; geht mir mit solchen importirten Lumpen.
Gut, ich thue es für dreitausend. Morgen, sagt Ihr?"

Maxdorf hatte mit pochendem Herzen die Unterredung angehört; er traute seinen Ohren kaum, und
mußte sich doch eingestehen, daß es Niemand anders
als Smith war, der den scheußlichen Plan entwarf,
zwei Menschen ermorden zu lassen. Und diesem verhärteten Bösewicht, an dessen Händen schon das Blut
eines Menschen klebte, dieser kalte heuchlerische Schurke
war der Pflegevater Rosa's! Er mußte an sich halten,
um die Aufregung seines Innern zu bemeistern, es schwin-
delte ihm auf seinem luftigen Sitze und leicht wie ein
Panther stieg er die Leiter hinab. Sarah war ihm
schnell gefolgt. Sie zitterte wie Espenlaub und sank
halb bewußtlos in seine Arme.

Als Maxdorf und Sarah die Straße betraten, ertönte von allen Thürmen der Stadt das Feuerzeichen.
Die Dampfspritzen flogen in wilder Eile vorüber und
ein heller Schein, der sich ringsum verbreitete, gab
Zeugniß für die Heftigkeit des Feuers.

„Wo brennt es?" rief ein Vorübergehender dem
Spritzenführer zu.

„In der Schweizerhalle!" lautete die Antwort.

Von einer gräßlichen Ahnung getrieben, ermahnte Maxdorf Sarah, allein nach Hause zu gehen, und stürzte mit fliegender Eile der Brandstätte zu. Die Straßen waren in der Nähe des Feuers mit Neugierigen dicht angefüllt, so daß er sich nur langsam Bahn brechen konnte. Als er aber in die Nähe des brennenden Hauses kam und die Flammen aus den Fenstern der verschiedenen Stockwerke schlagen sah, als er den Ruf der Feuerleute nach Leitern vernahm und dazwischen den Angstschrei der Unglücklichen hörte, die in wilder Verzweiflung um Hülfe riefen, da schwang er sich auf die erste Leiter, die angelegt wurde, riß den Feuermann mit einem kräftigen Griff herunter und erstieg in furchtbarer Eile das zweite Stockwerk, wo er seine beiden Freunde wußte. Er achtete nicht der leckenden und züngelnden Flammen, sondern sprang mit dem Muthe eines Wahnsinnigen durch das Fenster. Ein erstickender Rauch drohte ihm Tod und Verderben, er achtete aber nicht der Gefahr, sondern rief mit übermenschlicher Anstrengung die Namen seiner Freunde Hilmer und Malte. „Hülfe! Hülfe!" jammerte eine Stimme neben ihm, er fühlte mit den Händen seinen Weg, erfaßte ein menschliches Wesen, das sich auf dem Fußboden wälzte und trug es wie einen Federball an

das brennende Fenster. Beim Schein der Flammen
erkannte er Malte — ein Freudenstrahl durchzuckte sein
Herz, als er den Freund den starken Armen eines
Feuermannes übergeben konnte, der ihm mit helden-
müthiger Todesverachtung auf der Leiter gefolgt war.
Kaum hatte er den Freund gerettet, als er in den
Qualm zurückeilte und aufs Neue „Hilmer! Hilmer!"
rief. Keine Antwort — er stürzte auf Hilmer's Bett,
denn es durchzuckte ihn der Gedanke, der Unglückliche
könne im Schlafe ersticken — das Bett war leer —
aber was war das? Er stieß mit dem Fuß gegen
einen Körper, ergriff ihn und trug ihn mit Aufwand
seiner letzten Kräfte ans Fenster. Wieder hatte der
Feuermann die Leiter erstiegen, wieder nahm er ihm
die Last ab und eilig folgte Maxdorf, den ein don-
nernder Beifallsruf der Menge begrüßte, als er, von
Rauch geschwärzt, an den Händen und im Gesicht mit
Brandwunden bedeckt, auf die Körper seiner geretteten
Freunde hinsank. Einige der Umstehenden huben die
drei jungen Deutschen auf und trugen sie in ein be-
nachbartes Haus, wo alles Mögliche gethan wurde, sie
zu pflegen und aus ihrer Betäubung zu wecken. Ein
schnell herbeigerufener Arzt belebte den armen Malte
bald, der von dem erstickenden Rauche und der ausge-
standenen Angst mehr, als von wirklichen Brandwunden

gelitten. Nach ihm erholte sich Maxdorf, der seinem Freunde mit lautem Schluchzen in die Arme sank. Bisher waren alle Versuche, Hilmer ins Leben zu rufen, gescheitert; der Arzt glaubte, daß es nothwendig sei, ihn zu entkleiden und mit kaltem Wasser zu begießen — als er aber die Weste öffnete, entdeckte er zu seinem Entsetzen eine breite klaffende Wunde in der linken Brust. Er ließ die Arme sinken und sagte: „Hier ist menschliche Hülfe vergeblich — er ist ermordet!"

Vor dem furchtbaren Anblick erbleichend, traten die Zuschauer zurück; die Nachricht des ruchlosen Mordes verbreitete sich aber wie ein Lauffeuer durch die Menge auf der Straße und die schrecklichsten Verwünschungen gegen den Mörder und Anstifter des Feuers wurden laut.

Indessen bewährten die Feuerleute eine Kaltblütigkeit und einen Muth, der wirklich bewunderungswürdig war.

Sie erstiegen die Dächer anstoßender Häuser und riefen durch die Signalhörner den Spritzenleuten zu, wohin der Strahl des Wassers zu lenken; in nasse Tücher gehüllt, stürzten sie sich in das brennende Haus und kehrten mit ohnmächtigen Männern und Frauen zurück, denen sie die nassen Tücher überwarfen, um sie gegen die verheerenden Flammen zu schützen. Ueberall wurden die Wasserleitungen aufgerissen, aus denen die Dampfmaschinen keuchend und schnaubend einen mächtigen Strahl in die Schläuche pumpten; immer neue Spritzen erschienen und die Rosse flogen mit den schweren Maschinen daher, als wenn sie eine Ahnung hätten, daß von ihrer Eile das Leben vieler Menschen abhinge.

Trotz der herkulischen Anstrengungen der Feuerleute, trotz der enormen Quantitäten von Wasser, die in das brennende Gebäude geschleudert wurden) war es nicht möglich, des Feuers Herr zu werden und alle Bewohner zu retten. Einige der Unglücklichen hatten sich in ihrer Verzweiflung auf das Dach geflüchtet, Andere irrten Hülfe rufend von Fenster zu Fenster, wieder Andere stürzten sich in wilder Todesfurcht aufs Straßenpflaster und hauchten zu den Füßen der Feuerleute ihr Leben aus. Der herzzerreißende Schrei der Menschen, welche sich aufs Dach geflüchtet hatten, erfüllte die Umstehenden mit wahrem Entsetzen — es war unmöglich, sie zu retten, das Haus mußte jeden Augenblick einstürzen — ihr Untergang war unvermeidlich. Wohl versuchten es einige der Feuerleute, ihnen von den nächstgelegenen Häusern Seile zuzuwerfen, aber in der furchtbaren Angst, in dem erstickenden Qualm sahen sie die Seile nicht. Sie klammerten sich in ihrer schrecklichen Todesfurcht fest aneinander — da wankte das Haus, eine

Feuersäule stieg gen Himmel und ein letzter Schrei er=
tönte aus den flammenden Trümmern.

Das furchtbare Schauspiel war wohl geeignet, einen
tiefen Eindruck auf die Zuschauer zu machen. Manche
von ihnen entblößten das Haupt und beteten inbrünstig
zu Gott; Andere standen wie erstarrt und blickten wei=
nend zur Erde *).

Mit unausgesetzter Thätigkeit arbeiteten die Ma=
schinen; eine Wand nach der andern stürzte zusammen,
und als zuletzt nur noch ein rauchender Haufen von
Balken und Brettern übrig war, durchlief die Nachricht
die Stadt, daß siebenzehn Menschen, darunter der
Wirth, in den Flammen ihren Tod gefunden hätten.
Es ließ sich nicht bezweifeln, daß das Feuer durch die
Hand eines Brandstifters entstanden sei, und daß der=
selbe Bösewicht, der Hilmer ermordet, den entsetzlichen
Plan zur Einäscherung des Hauses entworfen und aus=
geführt haben müsse. Empört über die ruchlose That,
suchte das Volk den Thäter zu entdecken. Es wollte
die Gerechtigkeit selbst in die Hand nehmen und ein
Beispiel statuiren, um die überhand nehmenden Ver=
brecher einzuschüchtern. Aber wer war der Thäter?

---

*) Das Pacific-Hotel wurde angezündet; siebenzehn Menschen
kamen in den Flammen um. Der Mörder und Brandstifter
wurde wegen Mangel an Beweisen freigelassen.

Niemand konnte Aufschluß geben außer dem jungen Manne, den Maxdorf in einem und demselben Zimmer mit Hilmer gefunden hatte. War es vielleicht der junge Deutsche? Hatte er seinen Landsmann erschlagen und nach vollbrachter That den Gasthof angezündet? Aber warum rettete er dann nicht wenigstens sein Leben, warum eilte er nicht aus dem Hause, ehe es in hellen Flammen stand? — Das aufgeregte Volk drang in das Zimmer, in welchem außer Maxdorf und Malte die übrigen Verwundeten und Erschöpften, welche der drohenden Todesgefahr entrissen waren, noch immer von den Hausbewohnern und dem Arzte gepflegt wurden. Der bejammernswerthe Anblick erfüllte die Zuschauer mit Schaudern; sie wandten sich ab und wollten das Zimmer verlassen, als ein kleiner unförmlicher Zwerg sich Bahn brach und auf Maxdorf zueilte, dem er mit der ausgelassensten Freude seine Anwesenheit kundgab.

„Bist Du da, mein ehrlicher Bursche?" fragte der junge Mann unter den heftigsten Schmerzen, „wo warst Du — ich habe Dich vermißt."

Der kleine Stumme riß seine Schiefertafel hervor und schrieb mit vor Aufregung zitternder Hand: „Harrison."

„Ist Harrison der Mörder?" fragte Maxdorf — „Malte, weißt Du irgend eine Auskunft zu geben?

Glaubst auch Du, daß Harrison die schauerliche That begangen?"

„Ich glaube es," sagte Malte. „Hilmer ging etwa zwei Stunden vor mir zur Ruhe. Ich beschloß auf Deine Rückkehr zu warten und blieb bei Schweighauser sitzen, der in heftigem Delirium lag. Seine Frau fürchtete sich mit ihm allein zu bleiben, und gern erbot ich mich, mit dem Professor und noch zwei Anderen bei dem Verwundeten zu wachen. Als wir ungefähr zwei Stunden lang neben dem Krankenbette gesessen, hörten wir die Feuersignale und zu unserm Schrecken überzeugten wir uns, daß die Schweizerhalle in Flammen stand. Ich eilte auf unser Zimmer, um Hilmer zu wecken, fand ihn aber in seinem Blute schwimmen; durch den schrecklichen Anblick erschüttert, wäre ich fast zu Boden gesunken. Die Liebe zum eigenen Leben trieb mich aber aus dem Zimmer fort, ich eilte nach der Treppe, doch ehe ich sie erreichte, stürzte eine brennende Wand nieder und bedeckte sie mit ihren flammenden Balken und Trümmern. Ich eilte in das Zimmer zurück — und was weiter mit mir geschah, weiß ich nicht, denn Furcht und Rauch müssen mich wohl ohnmächtig gemacht haben."

„Aber Harrison?" fragte Maxdorf.

„Harrison war den ganzen Abend in der Gast=

stube; erst als Hilmer sich zur Ruhe begab, ließ er
sich ein Licht geben und auf sein Zimmer leuchten. Er
hatte uns fortwährend scharf beobachtet, so daß wir
beschlossen, uns vor ihm in Acht zu nehmen. Ich bin
moralisch überzeugt, daß er der Mörder ist."

Der Zwerg hatte bisher ruhig zugehört, als aber
Malte seinen Bericht beendet, schrieb er schnell einige
Zeilen auf die Tafel und ließ Maxdorf lesen: „Harrison
probirte einen Nachschlüssel zu der Thür und ging in
das Zimmer; er kehrte gleich wieder zurück, verschloß
die Thür und verließ das Haus."

„Um welche Zeit war das?"

„Um fünf Uhr."

„Kehrte er nicht zurück?"

„Er ging ins Gastzimmer."

„Und wo waret Ihr später?"

„An der Levee; ich stand Wache."

„Habt Ihr Harrison während des Brandes gesehen?"

„Nein!"

Diejenigen, welche Maxdorf zunächst standen, hatten
mit gespannter Aufmerksamkeit die Verhandlungen zwischen
ihm und dem Zwerge beobachtet. Maxdorf theilte ihnen
jetzt in Englischer Sprache mit, was sein Freund ihm
erzählt hatte und erklärte ihnen, was der Stumme ihm
mitgetheilt. Er beschwor sie, ihm die weitere Verfol-

gung der allerdings noch schwachen Spuren zu über=
laffen und die geäußerten Vermuthungen nicht unter die
Menge zu bringen, weil Harrifon sich sonst leicht durch
die Flucht retten könne. Hiervon wollten aber die
Amerikaner nichts wiffen. Sein Blut wollten sie, gleich,
ohne Auffchub — Angefichts des rauchenden Trümmer=
haufens follte er sterben.

Von dem Zwerge geleitet, stürzten die aufgeregten
Menschen fort, ihr Opfer zu suchen, während Maxdorf
und Malte in einen Wagen gehoben und in das Haus
der Wahrsagerin gebracht wurden.

# XII.

Die Bewohner von Saint Louis waren durch das
schreckliche Unglück im Innersten erschüttert. Wohl
waren wilde Ausbrüche der Leidenschaft, Mord, Tod=
schlag und Betrug an der Tagesordnung, und man
pflegte die Achseln zu zucken, wenn Jemand von einer
Schlägerei erzählte, in welcher ein oder mehre Menschen
getödtet waren; aber eine so fluchwürdige That, eine
solche „colossean butchery" war selbst in Saint Louis
unerhört, und Ein Gefühl belebte Aller Herzen, der
Durst nach Rache. In Schaaren von Zwanzig und
Hundert vertheilt suchte das Volk den vermuthlichen
Thäter; sie drangen in die schmutzigen Lasterhöhlen,
durchsuchten die Häuser von oben bis unten und ließen
ihre Wuth an den Bewohnerinnen oft mit thierischer
Grausamkeit aus. In manchen Straßen wurden ganze
Reihen solcher Häuser niedergerissen und der Erde gleich
gemacht. Von einer tobenden Meute gefolgt, eilte der

14*

Stumme von einer Höhle des Lasters in die andere;
erst lenkte er seine Schritte nach dem Häuschen in der
dritten Straße, von dort nach der Levee; als er auch
hier den Gesuchten nicht fand, führte er den Trupp in
die Poplerstraße, von dort in die Almond — nach der
vierzehnten Straße — sein Suchen war vergebens;
Harrison war in keinem seiner gewöhnlichen Quartiere
zu finden. Man hätte glauben sollen, daß das frucht=
lose Suchen ihn endlich ermüden würde, aber er schien
das Gefühl der Müdigkeit nicht zu kennen; rastlos mit
immer gleicher Eile wanderte er von einem Schlupf=
winkel zum andern, und verrieth überall eine Orts=
kenntniß, entwickelte einen Scharfsinn im Suchen, der
seine Begleiter in Erstaunen setzte.

Schon war es spät am Nachmittage, und noch war
keine Spur entdeckt; die Gährung in der Stadt nahm
aber von Stunde zu Stunde zu; an den Straßenecken
erschienen Plakate, welche ein genaues Signalement
Harrison's enthielten und das Volk aufforderten, nicht
zu ruhen, bis er gefunden sei. Der Mayor der Stadt
erließ Proclamationen und bat die Bürger, sich ruhig
zu verhalten und dem Gang der Gesetze nicht vorzu=
greifen, aber die Bürger lachten über diese Ermahnungen
und gelobten sich gegenseitig, den Verbrecher zu ver=

folgen und zu lynchen und nicht zu ruhen, bis sie ihre
Rache gesättigt.

Während so die wuthschnaubende Menge mit den
fürchterlichsten Racheschwüren die Stadt durchzog, schritt
die Wahrsagerin in ihrem Zimmer langsam auf und
ab. Auf einem eilig bereiteten Lager wälzte Maxdorf
sich in brennender Fieberhitze, und umsonst suchten Malte
und Sarah durch kühlende Umschläge die Schmerzen der
Brandwunden zu lindern. Die Wahrsagerin hatte durch
Sarah Alles erfahren, sie wußte, daß Smith die Pflege=
tochter an Malte verheirathen wollte, sie kannte alle
seine Pläne, seine ruchlosen Anschläge. Rosa mußte
seinen Händen entrissen werden! Konnte der schändliche
Heuchler nicht aus Furcht vor Ueberführung Harrison
zur Flucht verhelfen, und war es nicht denkbar, daß
Harrison das junge Mädchen zwingen würde, ihn auf
der Flucht zu begleiten? Nach Allem, was die Wahr=
sagerin wußte, waren alle Scheuslichkeiten denkbar, und
von einer unbesiegbaren Angst getrieben, hatte sie Sarah
schon zweimal zu Sally geschickt, mit dem Auftrage,
Rosa einen Wink zu geben, daß sie fliehen und bei ihr
Schutz suchen möge. Sally hatte ihre Bereitwilligkeit
erklärt, Miß Rosa zur Wahrsagerin zu führen, aber
zugleich erklärt, daß Herr Smith Betübungen angestellt
habe, und daß es ihr unmöglich sei, vor Beendigung

derselben sich Rosa zu nähern. Schon war Madame im Begriff, zum drittenmale Sarah fortzuschicken, als die Glocke haftig ertönte und gleich darauf die junge Indianerin, von Sally begleitet, ins Zimmer stürzte und mit einem lauten durchdringenden Schrei in die Arme der Wahrsagerin sank. „Hülfe, Hülfe!" rief das tobtenbleiche Mädchen, dann aber schlang sie krampf= haft ihre Arme um den Nacken ihrer Pflegemutter und rief einmal um das andere, „o meine Mutter, meine Mutter!" Selbst das starke Herz der Wahrsagerin konnte der Rührung nicht widerstehen. Mit einer durch Thränen erstickten Stimme bat sie Rosa, sich zu beruhigen, sie sei ja jetzt bei ihr, ihrer Mutter, und werde nie wieder das Haus Smith's betreten — sie möge sich nur fassen und ausweinen.

Rosa barg ihr Gesicht am Busen der Mutter und wimmerte leise vor Freude und Schmerz; bisweilen hob sie das Köpfchen in die Höhe, um die geliebten Züge zu betrachten, aber ihre Augen begegneten nur einem Strom von Thränen, und schnell barg sie ihr Gesicht, um aufs neue den süßen Namen „Mutter" am Herzen der Wahr= sagerin zu stammeln.

Malte war durch den Anblick des weinenden Mäd= chens in die höchste Aufregung versetzt. Er konnte kein Auge von ihr abwenden, und doch vermochte er nicht, das schluchzende Mädchen zu betrachten. Ein lautes Stöhnen seines Freundes riß ihn aus seinen Träumen; er beugte sich über Maxdorf und hob den Umschlag von seinem Gesichte, um ihn durch einen frischen zu ersetzen, fühlte sich aber plötzlich von einer Hand am Arm ergriffen, und als er sich überrascht umblickte, sah er Rosa augenscheinlich mit der tödtlichsten Angst die entstellten Züge des Freundes betrachten.

Sie hatte den schmerzlichen Seufzer gehört, ihre aufgeregte Phantasie hatte sie neues Unglück, neue Schrecken befürchten lassen, ein einziger Blick genügte ihr, um den Ueberbringer der Perlenschnur zu erkennen. Verschwunden war die Angst für ihre eigene Sicherheit; seine Rettung, seine Pflege war jetzt ihre Aufgabe. Mit der einen Hand die Pflegemutter festhaltend, damit sie ihr auch nicht einen Augenblick von der Seite wiche, nahte sie sich dem Bette; instinktmäßig begriff sie, wozu die silberne Schaale diene, die vor dem Lager des Kranken stand, und mit der Geschicklichkeit einer erfahrenen Wärterin legte sie den kühlenden Umschlag auf Gesicht und Hände ihres Freundes. Während sie so bald die Pflegemutter an sich zog und ihren Mund aufs Neue mit Küssen bedeckte, bald mit der Sorgfalt eines Engels jedem Athemzuge Maxdorf's lauschte; während bald ein seliges Lächeln über ihr Gesicht flog, bald tiefe Trauer sich auf ihre Stirn lagerte, und sie die ganze Welt um sich her zu vergessen schien, erzählte Sally in einem Winkel des Zimmers Sarah und Malte, was sich im Hause Smith's ereignet hatte.

Ein fremder Mann sei zu Herrn Smith gekommen und habe heftige Worte mit ihm gewechselt; er habe die Miß Rosa heirathen wollen und von Smith verlangt, daß er ihm viel Geld geben solle. Smith habe sich geweigert, als aber der fremde Mann Drohungen ausgestoßen habe, sei Smith nachgiebig geworden und habe die Miß Rosa gefragt, ob sie den Mann heirathen wolle. Plötzlich sei aber ein kleiner Zwerg, gefolgt von einer großen Menge Menschen, ins Haus gekommen und habe den Fremden gebunden mit sich geführt. Diesen Augenblick habe Miß Rosa benutzt, um mit ihr, Sally, zu entfliehen.

„Und Herr Smith und Miß Anna?" fragte Malte. — „Herr Smith hat gebetet. Miß Anna ist aber fortgegangen, wohin weiß ich nicht!"

Schon während Sally die Begebenheiten in Smiths Hause erzählte, hatte das Lärmen und Rufen auf der Straße zugenommen; es schien näher zu kommen, man konnte im Zimmer der Wahrsagerin deutlich die Drohungen und Verwünschungen hören, die von der aufgeregten Volksmenge ausgestoßen wurden. Malte eilte

vor das Haus, um sich über die Ursache des zunehmen=
den Lärmens zu erkundigen, und gewahrte zu seinem
Entsetzen Harrison, der von dem Zwerge und zehn
oder zwölf Anderen gebunden vorbeigeführt wurde. Eine
unabsehbare Menschenmenge folgte dem gefangenen Mord=
brenner. Unwillkürlich sah sich Malte mit fortgerissen,
und erkannte schaudernd nach einigen Augenblicken, daß
er vor den Ruinen der Schweizerhalle angekommen sei.

„Halt!" riefen die Führer des Zuges — „schließt
einen Kreis."

In einem Augenblick war ein weiter Kreis gebildet,
in dessen Mitte Harrison stand. Ein Seil war um
seinen Nacken geschlungen, die Hände waren auf dem
Rücken zusammengebunden. Der Zwerg stand neben
ihm und hielt das Seil.

Nach einer kurzen Berathung trat ein Mann auf
eine „Box" und sprach: „Mitbürger, seid Ihr Willens,
den vor Euch stehenden Mordbrenner dem Richter Lynch
zu übergeben?"

Ein tausendstimmiges „Ja" war die Antwort.

„Seid Ihr Willens, daß er vorher bekennen soll,
ob er Mitschuldige habe?"

„Ja!" ertönte es wieder — „er soll bekennen!"

„Soll ich zwölf Männer aus Eurer Mitte zu Ge=
schwornen vorschlagen?"

„Nein, wählt sie selbst," riefen einige Stimmen — „Vorschlagen!" riefen andere.

Der Sprecher schlug hierauf zwölf Männer vor, die bei ihrem Namensaufrufe mit lautem „Ja" antworteten, und in den Kreis traten. „Mitbürger! sind diese zwölf Männer von Euch beauftragt, den Verbrecher Harrison zu richten?"

„Ja, ja," war die einstimmige Antwort.

Die Richter wählten aus ihrer Mitte einen Vormann und beauftragten ihn, den Gefangenen zu inquiriren.

„Wie ist Euer Name?" fragte der Vormann.

„John Harrison," erwiderte der Gefragte mit einem höhnischen Blick auf die Richter.

„John Harrison, Ihr seid verdächtig, einen Deutschen, Namens Hilmer, den Compagnon von Smith und Hilmer ermordet und darauf den Gasthof zur Schweizerhalle in Asche gelegt zu haben. John Harrison, seid Ihr der Euch zur Last gelegten Verbrechen schuldig?"

„Nicht schuldig."

John Harrison, das Gericht wird Euch peitschen lassen, wenn Ihr nicht die Wahrheit gesteht — ich frage Euch im Namen des Gerichtes — seid Ihr schuldig?"

„Nicht schuldig!" lautete die Antwort.

Auf einen Wink des Vormanns trat der Zwerg

zurück und drei handfeste Männer näherten sich dem
Gefangenen. Sie nahmen das Seil von seinem Nacken,
banden die Hände los, warfen eine Schlinge über die
Handgelenke und zogen sie an einem Laternenpfahl in
die Höhe. Darauf rissen sie ihm Rock und Weste vom
Leibe, brachten aus einem nahe gelegenen Laden „Co-
whides" und begannen den Gefangenen „tanzen zu lassen."
Eine Weile ertrug Harrison die ungeheure Pein, ohne
einen Laut von sich zu geben; als aber das Blut bei
jedem Hiebe aus dem Rücken schoß, stieß er ein entsetzliches Geheul aus.

Die Peiniger hielten inne, der Vormann wiederholte
seine Frage: „John Harrison, seid Ihr schuldig?"

„Nicht schuldig."

Auf einen neuen Wink des Vormanns traten die
Peiniger neben den Gefangenen und begannen wiederum,
seinen Rücken zu zerfleischen. Harrison kämpfte wie
ein wildes Thier gegen die Bande, die seine Hände
fesselten, er versuchte sich auf die Kniee zu stürzen, er
brüllte, jammerte, flehte, aber unverdrossen hieben seine
Peiniger in gleichmäßigem langsamen Takte auf seinen
zerfleischten Rücken, bis er endlich einen durchdringenden
Schrei ausstieß und wimmernd um Gnade flehte.

„John Harrison, seid Ihr schuldig?" fragte der
Vormann.

„Schuldig," stöhnte der Gefangene — „Waffer, um Gottes Barmherzigkeit willen, ein Glas Waffer."

Niemand rührte sich, um ihm das Erflehte zu bringen.

„John Harrison, habt Ihr Gehülfen gehabt?"

„Nein, beim allmächtigen Gott, nein! o, nur einen Tropfen Waffer."

„Bringt ihm Waffer," gebot der Vormann.

Eine kurze Pause trat ein. Harrison hing an seinen gefesselten Händen, die Beine waren zu schwach, ihn aufrecht zu halten, aber mit der Gier eines Verzweifeln= den sah er sich um, als der Bote mit einem Becher Waffer zurückkehrte; er bog den Kopf hintenüber, streckte die Lippen aus, und als ihm endlich der Becher vorgehalten wurde, sog er den erquickenden Trank in langen Zügen ein.

„Habt Ihr sonst noch etwas zu sagen, John Harrison?"

„Nein, ich bin fertig — Seid verdammt, Ihr Schur= ken, die Ihr zu Tausenden über einen Einzigen herfallt. Gott verdamme Euch."

Die Richter traten zusammen, besprachen sich einen Augenblick und gleich darauf trat der Vormann auf die „Box" und sagte: „Mitbürger, die von Euch er= wählte Jury verurtheilt John Harrison wegen Mord und Brandstiftung zum Strange."

Ein tausendstimmiges Hurrah begrüßte den Aus=

spruch der Richter. Kaum war der Vormann von der
Box heruntergestiegen, als der Zwerg sich hervordrängte
und mit geschäftiger Eile eine Schlinge um Harrisons
Nacken warf. Der Unglückliche wurde von dem Laternen-
pfahle losgebunden und an einem halb verkohlten Thür-
pfosten des von ihm eingeäscherten Hauses aufgehängt.
Er machte keinen Versuch, sich von seinen Henkern los
zu machen, bewies im Gegentheil bis zum letzten Augenblicke eine ruhige Fassung und Ergebung in sein unver-
meidliches Schicksal. Sein Todeskampf war ein langer
und schrecklicher; er wurde von der Erde in die Höhe
gezogen, aber nicht höher, als daß seine Fußspitzen eben
die Erde berührten. Er dehnte und streckte sich, um
mit den Füßen einen Haltpunkt zu gewinnen, bis endlich
der Tod seinem Leiden ein Ende machte.

Während dieser schrecklichen Scene war kein lautes
Wort gesprochen worden. Die Menge hatte der „Ver-
handlung" mit würdigem Ernste beigewohnt — jetzt aber,
wo das Drama zu Ende, ertönte ein donnerndes
tausendstimmiges Hoch auf den Richter Lynch. Der
Sheriff der Stadt, gefolgt von einigen Polizeidienern,
näherte sich der Leiche und fragte: „Wer hat den Mann
gehängt: „Wir, die freien Bürger von Saint Louis,"
erwiderte der Vormann der Jury — „wir haben das
Urtheil gesprochen und vollzogen."

Ohne eine weitere Bemerkung zu machen, schnitt der Sheriff die Leiche herunter und ließ sie auf einem zweirädrigen Karren fortschaffen.

„Schrecklich, schrecklich,“ seufzte Malte, als die wogende Menschenmasse mit wildem Geschrei dem Karren folgte — „der arme Hilmer — und ach, auch der arme Smith — wie wird er über den Verlust des ehrlichen Hilmer trauern! Wahrlich, dies ist ein entsetzliches Land. — Wohin wende ich nun meine Schritte? Ich fürchte mich, allein zu sein — und habe jetzt Niemand, an den ich mich anschließen könnte. Maxdorf, der arme Freund, ist in guten Händen, er bedarf meiner Pflege nicht — es ist rührend, wie das Mädchen ihn wartet, ein famoses, wirklich ganz famoses Mädchen — aber was thue ich jetzt bei ihm, ich bin nur im Wege.“

Während er diese Worte halblaut vor sich hinmur=melte, berührte eine Hand seine Schulter, er wandte sich schnell um, und starrte in das Gesicht seines Prinzipals.

„Jesus Marie, Herr Smith!“ rief Malte, „Sie haben mich zu Tode erschreckt.“

„Friede sei mit Ihnen, mein vortrefflicher junger Freund! Gott der Allmächtige wacht über die Gerechten und läßt die Sünder zu Schanden werden. Es war eine böse Stunde, Herr Malte.“

„Ja wohl, Herr Smith, eine böse Stunde. Aber

er hatte den Tod verdient! der arme Hilmer und die vielen anderen unglücklichen Menschen!"

„Brechen Sie mir das Herz nicht, mein vortrefflicher Freund. Hilmer ruht in Abrahams Schoße, unser seliger Freund blickt aus den himmlischen Räumen auf uns herab und betet für uns. Das ist ein Trost, Herr Malte, ein großer Trost."

„Hätten Sie denn das von Harrison gedacht, Herr Smith? Ich habe ihn nur dann und wann gesehen, wenn er mit Ihnen Geschäfte hatte, aber ihn immer für einen rechtschaffenen Mann gehalten, bis zuletzt, wo ich gewarnt wurde."

„Sie wurden gewarnt?" fragte Smith hastig, doch schnell besann er sich, und setzte hinzu: „da sehen Sie die göttliche Vorsehung, die über Sie wacht. Wer war das Werkzeug, dessen sich Ihr guter Engel bediente?"

„Mein Freund Maxdorf, der Musiklehrer."

„Ihr Freund Maxdorf?"

„Ja, warum erschrecken Sie denn so, wer anders als er, konnte mich warnen?"

„O natürlich, Niemand anders, Niemand; worauf fußte aber sein Vertrauen, und was sagte er Ihnen über Harrison?"

„Er sagte mir, daß er überzeugt sei, Harrison habe

Böfes im Sinne, und er überredete mich sogar, ihm
meine Brieftasche anzuvertrauen, in welcher mein Wechsel
aus Philadelphia enthalten ist."

„Sie haben Ihren Wechsel aus den Händen gege=
ben, ihn an Herrn Maxdorf gegeben?"

„Gott, wie Sie mich immer erschrecken, meine Nerven
sind so angegriffen; was haben Sie denn, Herr Smith,
freilich habe ich ihm den Wechsel gegeben, ich fürchtete
mich vor Harrison."

„Das war weise von Ihnen gehandelt, Herr Malte,
immer mehr überzeuge ich mich von Ihrem vortrefflichen
Verstande, und ich gestehe, daß ich den Mann glücklich
schätze, der einst in nahe Geschäftsverbindung mit Ihnen
treten wird. Sie wären ganz der Mann dazu, um
einen ältern Geschäftsmann, der schon abgestumpft ist,
und dessen Geist mit der Zeit nicht mehr Schritt zu
halten vermag, durch Ihren klaren Verstand und Ihre
jugendliche Auffassungsgabe nützlich zu werden. Ich
stehe jetzt allein ohne Partner, ich werde mich nach
einem jungen Mann umsehen müssen. Ach, daß wir
das erleben mußten, Herr Malte, daß wir das erleben
mußten, doch, Sein Wille geschehe und gepriesen sei Sein
Name."

„Ein herrlicher Mann," dachte Malte bei sich.

„Sollte er gewarnt sein," dachte Herr Smith.

„Sie sprachen vor einigen Tagen den Wunsch aus, irgendwo als Partner einzutreten, Herr Malte; kann ich Ihnen durch meine Empfehlungen in irgend einer Beziehung von Nutzen sein, so rechnen Sie auf mich. Ich werde mir es zur Ehre anrechnen, über einen so vortrefflichen jungen Mann ein glänzendes Zeugniß ab- legen zu dürfen."

„Ich danke Ihnen, Herr Smith, ich danke Ihnen von Herzen. Sie wollten mich ja selbst zum Partner — haben Sie Ihre Absichten geändert?"

„Herr Hilmer wünschte es nicht und ich glaubte, daß sein Wunsch Ihnen heilig sei."

„Allerdings, Hilmer wünschte es nicht; warum wider- setzte sich Hilmer wohl der Erfüllung meines — ich darf es wohl sagen, heißen Wunsches."

„Ich werde Ihnen das später sagen, mein vortreff- licher junger Freund. Sehe ich Sie Morgen im Ge- schäfte? — nun dann Gott befohlen, Herr Malte! Doch halt, wo bleiben Sie denn heute Nacht, Herr Malte? wahrlich ich vergaß, daß die Schweizerhalle nicht mehr ist — wollen Sie bei mir in meinem bescheide- nen Hause übernachten, mein vortrefflicher junger Freund, ich bin zwar nicht eingerichtet, aber dennoch, wenn Sie fürlieb nehmen wollen — meine beiden Mädchen werden sich freuen, Sie zu sehen, Herr Malte."

„Ich danke Ihnen, danke Ihnen von Herzen — ich fürchte aber, Sie zu stören — aber beide junge Mädchen, sagten Sie — ich dachte, Miß Rosa sei bei ihrer Mutter."

„Ihrer Mutter?" fragte Smith — „Miß Rosa bei ihrer Mutter?"

„Oder Pflegemutter".

„Pflegemutter?"

„Mein Gott ja, sie nannte sie Mutter, und die Frau sagte ihr, daß sie nie wieder Ihr Haus betreten solle, Herr Smith."

„Sagte sie das? und wer ist denn diese vortreff= liche Mutter, wenn ich Sie bitten darf, mein herrlicher junger Freund?"

„Ich glaube, sie nennt sich Madame Monroe."

„Kennen Sie diese Madame Monroe? Bitte, Herr Malte, haben Sie die außerordentliche Güte, mir zu sagen, ob Sie Madame Monroe kennen?"

„Jawohl," entgegnete Malte, über die sonderbare Redeweise Herrn Smith's in sichtbare Unruhe versetzt, „jawohl, ein klein wenig."

„Ein klein wenig! Ich danke Ihnen, Herr Malte; ich danke Ihnen nochmals, Herr Malte. Und wann lernten Sie diese interessante Dame kennen, wenn ich so unbescheiden fragen darf?"

„Seit Maxdorf bei ihr wohnt — seit etwa drei Wochen."

„Herr Maxdorf wohnt bei Madame Monroe? Ei, das ist ja sehr interessant — ich danke Ihnen, Herr Malte — nun aber setzen Sie Ihrer Gefälligkeit die Krone auf, und lassen Sie mich wissen, wer diese Madame Monroe ist, die sich meiner Pflegetochter so freundlich und mütterlich annimmt; Sie begreifen, daß mich das einigermaßen interessirt, mein vortrefflicher junger Freund!"

„Wer Madame Monroe ist? Nun, ich denke, sie wird die Frau eines Mannes sein oder gewesen sein, der Monroe hieß."

„Gesprochen wie ein Orakel, mein junger Freund; doch da stehen wir ja vor meinem bescheidenen Hause. Wollen Sie unter meinem demüthigen Dache eine Nacht zubringen — es wird Sie vielleicht beruhigen, sich erst mit mir zum Gebet zu vereinigen — und wenn auch die schöne Prairierose wirklich nicht heimgekehrt sein sollte, so wird meine eigene Tochter sich uns im Gebete anschließen — ich dächte, das wäre ein Trost, Herr Malte."

Der arme Malte, der zu jener Classe von Menschen gehörte, die in unerschöpflicher Gutmüthigkeit fortwäh=rend Dummheiten begehen, nahm die Einladung seines

15 *

Prinzipals dankbar an, äußerte aber zugleich sein Be=
dauern darüber, daß Fräulein Rosa nicht zugegen sei.
Er bediente sich hierzu allerdings nicht der vielen um=
schreibenden Worte, deren wir bedürfen würden, um
eine Abgeschmacktheit zu äußern, sondern drückte in dem
einen Worte „famos", welches er halblaut für sich hin=
murmelte, den ganzen Zustand seines Innern, das ganze
Conglomerat seiner Gedanken aus.

„Aha! steht es so?" dachte Herr Smith, indem er
seinen vortrefflichen jungen Freund ins Zimmer schob,
wo seine Tochter beim Scheine einer Lampe die Lebens=
wege und den Storch, das elterliche Haus und den Zu=
künftigen, die Wiege und den treuen Freund aus einem
Spiele Lenormand'scher Karten zu entziffern suchte, das
nach allen Regeln der Kunst vor ihr auf dem Tische
ausgebreitet lag.

Herr Smith blieb beim Anblick der bunt durch und
neben einander liegenden Karten entzückt stehen. Mit
der linken Hand streichelte er lächelnd sein frommes
Kinn, während die Rechte leise Malte's Arm berührte.

„Ich dächte, das wäre famos!" sagte er, indem
sein Vaterauge mit steigender Rührung von Malte zu
Anna und von Anna zu Malte wanderte; „ich dächte,
das wäre Natur und Unschuld? Oder wären Sie
grausam genug, zu behaupten, daß ein Vater einen

größern Schatz besitzen könne, als dies jugendlich fromme
Gemüth?"

Miß Anna saß mit dem Rücken gegen die Thür.
Sie hatte sich beim Eintritt ihres Vaters und Malte's
nicht umgedreht — sie that, als ob sie ihre Anwesenheit
gar nicht bemerkte, aber sie dachte, daß Maxdorf hinter
ihr stände — Maxdorf, der nun schon dreimal nach
einander zwischen ihrem Hause und der Wiege gelegen
und der zu ihrem verschämten Entzücken zweimal mit
dem Storch in nahe Collision gekommen war. — Sie
horchte daher mit klopfendem Herzen auf die Antwort,
die der Geliebte ihrer Seele auf die feierliche Be=
schwörungsformel ihres Vaters geben würde, und wäre
fast ohnmächtig vom Sessel gefallen, als sie die kleine
trockene Stimme Malte's vernahm, der zum ersten Male
in seinem Leben keine Dummheit beging, sondern „famos"
sagte.

„Famos! ja, mein vortrefflicher junger Freund,
famos ist das Wort." Der gerührte Vater hielt nicht
länger an sich. Er ließ die Hand seines Freundes
fahren, eilte auf den Schatz seiner Seele zu, schloß
ihn in die Arme und flüsterte: „Rosa noch nicht
zurück?"

„Nein," antwortete das Mädchen; als sie aber
Malte erblickte, den sie gar nicht hier vermuthet hatte,

bedeckte sie das verschämte Gesicht mit beiden Händen, und bat so dringend, er möge sie auslachen, recht herzlich auslachen, daß Malte sich Mühe gab, ihren Wunsch zu erfüllen und ein paarmal haha! sagte.

„Ich danke Ihnen, mein vortrefflicher junger Freund, ich danke Ihnen, Sie beweisen ein Zartgefühl — Sie entschuldigen diese kindische Thorheit — oder wollen wir sagen Tändelei?"

„Tändelei," antwortete Malte, der recht in seinem Elemente, nämlich alberner Verlegenheit war.

„Danke Ihnen, „„Tändelei,"" während Ihr Herz ergriffen ist von der überwältigenden Scene, in welcher ein entzücktes Vaterherz von dankbarer Liebe überfließt, und eine kindlich erröthende Tochter in die Arme schließt."

„Aber, Papa!" flehte Anna, die vor Begierde brannte, zu erfahren, wo Rosa sei, was sie trotz aller ange= wandten Drohungen und Versprechungen von Sally nicht in Erfahrung hatte bringen können.

„Ich dächte, es liegt Musik in dem Worte, Herr Malte? Sprich das Wort noch einmal aus, meine Tochter — es thut meinem Herzen wohl."

Herr Smith hielt die Hand wie eine Scheuklappe ans Ohr, um besser hören zu können, und als Anna nochmals in süßer Verwirrung „aber, Papa!" ausrief, schlug er die Augen gen Himmel und reichte Malte die

Hand, damit er ihm den Puls fühlen möge. Er sagte dies freilich nicht — aber jeder Andere als Malte hätte den Zeigefinger auf die Pulsader gelegt und die Schläge des Vaterherzens gezählt.

Als die erste Rührung niedergekämpft war, erlaubte Herr Smith sich einige Fragen über die Bedeutung des kindlichen Spieles; worauf Miß Anna erwiderte, sie habe zum Zeitvertreib die Zauberkarten gelegt, um daraus ihre und ihrer Freunde Zukunft zu sehen.

„Und darf ich fragen, was Sie daraus ersehen haben, mein Fräulein?" fragte Malte, der mit sicht= barem Interesse die wunderlich bemalten Karten an= starrte.

„Gutes und Böses," schäkerte Miß Anna — „soll ich Ihnen einmal prophezeien, Herr Malte?"

Smith überlegte einen Augenblick, ob er das Spiel zugeben dürfe. Nach einigem Besinnen machte er die Entdeckung, daß es nicht absolut sündhaft, daher unter Umständen zu entschuldigen sei. „Unter Umständen, Herr Malte! unter Umständen, meine Tochter!"

Es war erstaunlich, was die Karten alles wußten und nicht wußten. „Herr Malte hatte eine stille Liebe." — Sein blasses Gesicht wurde feuerroth — er schlug die Augen nieder — und machte nicht einmal den Versuch „nein" zu sagen.

„Die Geliebte erwiderte seine Gluth, sein heißes Verlangen, denn dicht neben ihr läge eine Rose und eine Wüste —; er werde sehr glücklich werden, enorme Reichthümer besitzen, glücklich speculiren." Miß Anna stockte einen Augenblick, als sie den Storch neben einer Karte entdeckte, auf welcher in großen rothen Ziffern 18 zu lesen stand. Sie deutete mit dem reizenden Zeigefinger der rechten Hand auf den Storch und sagte nach einigem Zögern: „Sie werden viele — Zöglinge haben."

„Zöglinge?" fragte Herr Smith, der über das neuentdeckte Talent seiner Tochter in nicht geringes Staunen gerieth.

„Kleine —"

„Kinder?" unterbrach Malte die reizende Prophetin. „Mein Gott, achtzehn, o das wäre haarsträubend!"

„Allerdings ein reicher Segen des Himmels, Herr Malte, ein sehr reicher Segen."

„Bitte, legen Sie die Karten noch einmal," flehte Malte, dem der Gedanke an achtzehn Kinder die Schweiß=tropfen auf die Stirn trieb.

Miß Anna wiederholte mit reizender Koketterie die Eintheilung der Karten in Haufen, zertheilte die Haufen wieder über den Tisch und zu seinem Entsetzen sah der arme Malte den Storch rechts von der Wiege stehen

und links von der Wiege die furchtbare Achtzehn para-
diren.

Miß Anna mochte fürchten, daß diese ungeheuere
Aussicht einen störenden Einfluß auf das Gemüth des
jungen Mannes haben möchte, beeilte sich daher, die Versicherung zu geben, daß die Karten erst zum dritten
Male die Wahrheit sagten, und mischte mit emsiger Ge-
schwindigkeit die furchtbaren Propheten einstigen Kinder-
segens, um von Neuem die Zukunft Malte's zu erforschen. Dank der Geschicklichkeit Anna's lagen Storch
und Wiege diesmal weiter auseinander und die rothe
Ziffer, vor deren Erscheinen Malte zitterte, wie Hamlet
vor dem Geiste seines Vaters, legte sich bescheiden
zwischen ein Dampfschiff und die Treffle-Dame, woraus
dann klar hervorging, daß eine Schiffscapitains-Gattin
mit jener ungeheuerlichen Schaar gesegnet zu werden,
die allergerechtesten Aussichten hatte.

Sichtbar getröstet, erhob sich Malte aus seinem
Sessel, und da Herr Smith ebenso wie Miß Anna vor
Begierde brannten, im zärtlichen tête à tête ihre Neuig-
keiten gegenseitig auszutauschen, machte der freundliche
Wirth den Vorschlag, nach den Mühen des Tages und
den schrecklichen Begebenheiten des Abends ein kurzes
Gebet zu halten, und dann im trauten Kämmerlein ein
sanftes Schläfchen zu machen. Er hätte auch sagen

können, „daß Malte sich zu Bette legen möge", aber
er hätte sein Vaterherz verwundet, in Gegenwart seiner
holden Tochter ein so „bizarres" Wort auszusprechen.

Anna erhob sich, stellte sich neben ihren Vater und
lehnte ihr Köpfchen an seine Brust. Sie konnte in
dieser Stellung Malte genau betrachten, den ehrlichen
Malte, der die Augen zur Erde schlug, während Herr
Smith anfing, sein „Oh Lord have mercy with us"
herzunäseln.

Das Gebet mußte erbaulich gewesen sein, denn
Herr Smith zerdrückte mit den Fingern zwei Thränen,
bot gerührt seiner Tochter und seinem Gaste die Hand,
betrachtete einen Augenblick mit überströmenden Gefühlen die beiden Lieblinge, und ging dann ernsten
Schrittes mit einer Lampe voran, um Malte auf sein
Zimmer zu leuchten.

Mit einem feierlichen Wunsche, daß der Herr ihn
bis Morgen früh ganz speciell in seine Obhut nehmen
möge, und betäubt von der Feierlichkeit seiner Stimmung
wankte der fromme Mann hinaus, und begab sich zu
seiner Tochter, die ihn mit einem lauten Gelächter
empfing.

„Jetzt sage mir um des Himmels Willen, Papa,
warum bringst Du dieses Unthier zu mir?"

„Sei ruhig, meine Tochter."

„O, werde nicht unerträglich; vor Fremden lasse ich mir dergleichen gefallen, aber wenn wir unter uns sind, könntest Du mich billig verschonen. Sage mir vor allen Dingen: Wo ist Rosa?"

„Bei einer Madame Monroe, wie mir Malte sagte, einer Frau, die sich ihre Mutter nennt, sollte jene Frau hier in Saint Louis sein? Unmöglich, ich habe seit zehn Jahren nichts von ihr gehört, und doch, wie konnte Rosa eine andere Frau Mutter nennen? Maxdorf wohnt bei ihr im Hause; sollte Maxdorf im Complot sein? Ich fürchte, daß wir von Feinden umringt sind, von Feinden, die uns schaden könnten."

„Und Harrison? was ist aus Harrison geworden! Es war entsetzlich, wie er sich gegen den Zwerg wehrte, und doch zu Boden geworfen und gebunden wurde."

„Harrison ist todt," flüsterte Smith, sich schüchtern umsehend, „vom Mob gelyncht. Ich stand im Gedränge und hörte die Fragen, die der Vormann des Lynch=gerichtes ihm vorlegte; er hat nichts bekannt, als seine eigene Schuld; er hatte keine Gehülfen."

„So hat er die Schweizerhalle in Asche gelegt? Ist es wahr, daß auch Hilmer seinen Tod in den Flam=men fand?"

„Nein, er ward vorher von Harrison ermordet. --

O, eine höchst blutige That, meine Tochter, höchst blutig und verwerflich."

„Wie weiß man denn, daß Hilmer vorher ermordet wurde? Hat man die Leiche erkennen können?"

„Maxdorf hat sie aus den Flammen getragen, Maxdorf hat Malte gerettet, Maxdorf ist in einem Hause mit Rosa — mir ahnt nichts Gutes, meine Tochter."

Anna schritt heftig auf und ab. Es schoß ihr ein Gedanke durch den Kopf, Sally mußte Auskunft geben; Sally hatte Rosa begleitet, sie mußte wissen, wo die Madame Monroe wohne, wer sie sei? Sie zog die Glockenschnur, und als Sally nicht gleich hereintrat, öffnete sie die Thür und rief mit gebieterischer Stimme: „Sally, come in!" Keine Antwort. Sie ergriff einen Leuchter, ging in die Küche, in Sally's Schlafzimmer — keine Spur des Mädchens war zu finden. Herr Smith, der eine eigenthümliche Abneigung dagegen verspürte, allein zu sein und sein vom Spiegel zurückgeworfenes Bild mit einer wunderlichen Mischung von Scheu und Entsetzen anstarrte, fühlte sich plötzlich bewogen, seiner Tochter im Suchen zu helfen. Er machte aber die unangenehme Entdeckung, daß nicht nur die Negerin verschwunden sei, sondern daß auch die silbernen Löffel und andere werthvolle Gegenstände fehlten, die durch

einen Brief ersetzt wurden, der, an Herrn Smith Es-
quire adressirt, mitten auf dem Küchentische lag. Mit
zitternder Hand öffnete er das Couvert und las mit
unterdrückter Stimme: „Theurer Herr! Gebt Euch keine
Mühe, mich aufzusuchen. Ich bedarf Eurer freundlichen
Fürsorge nicht mehr und werde in Zukunft so frei sein,
über Euer verdammtes Gesicht zu lachen, soviel es mir
gefällt. Auch wegen Ihrer Silbersachen lassen Sie sich
keine grauen Haare wachsen; ich bin so frei gewesen,
sie mitzunehmen. Mit der Bitte, mich dem Scheusal
zu empfehlen, welches sich Miß Anna nennen läßt, ver-
bleibe ich mit genügender Verachtung      Sally."

Herr Smith griff mit der Hand nach der Stirn,
er wäre beinahe gegen die Treppenthür gefallen, er stieß
ein leises schmerzliches O! aus. — Als aber in demselben Augenblick die Thür aufging und erst eine Nase,
dann ein Gesicht, ein Kopf und endlich ein ganzer Mensch
zum Vorschein kam, und als dieser Mensch kein anderer
war als Billy, da wurde das O! lauter und Herr
Smith stieß einen Schrei des Entsetzens aus, in den
Miß Anna mit einstimmte. Hätte Malte nicht einen
gesunden, beneidenswerthen Schlaf gehabt, so hätte ihn
der laute Ausruf erwecken müssen.

„Laß uns allein, meine Tochter, wichtige Geschäfte —
Schmuggelwaaren sind angekommen."

„Warum schreiest Du denn ꝛc?" fragte Anna, am ganzen Körper zitternd.

„Vor Freude, aus reiner purer Freude, meine Tochter. Wie geht es, Billy? Was bringt Euch so spät? Lege Dich schlafen, meine Tochter, und der Herr wache über Dich."

„Macht keine Umstände," flüsterte Billy dem glücklichen Vater ins Ohr. „Verrath an allen Ecken. Der Zwerg weiß Alles. Gebt mir Reisegeld, damit ich entwischen kann."

„Ich folge Euch auf dem Fuße. Gehe ins Bett, meine Tochter, gleich bin ich da, Billy. Sprecht leise, ein Fremder ist hier."

Mit diesen Worten drängte Smith seinen Freund Billy die Treppe hinab und bald verschwanden sie in dem uns wohlbekannten Häuschen an der Levee.

Ende des Ersten Bandes.